自死

現場から見える日本の風景

瀬川正仁

晶文社

装丁・早川デザイン
（早川いくを）

自死

現場から見える日本の風景

もくじ

序　「自死」にこだわる理由　8
第一章　学校と自死　15
第二章　職場と自死　55
第三章　宗教と自死　95
第四章　精神医療と自死　127

第五章　責任と自死　167
第六章　高齢者と自死　197
「あとがき」にかえて　235
主な参考文献　244

序　「自死」にこだわる理由

日本が自死大国と呼ばれるようになって、どのくらいたつのだろうか。政府の統計によると、日本の自死者数は一九九八年から二〇一一年までの一四年間、連続して三万人を超えている。二〇〇九年をピークに自死者の数は減少に転じたものの、いまだに年間二万五〇〇〇人近くが自ら命を絶つ、世界有数の自死大国であることに変わりはない。

ところで、「三万人」とか「二万五〇〇〇人」という数字だけを聞かされても、数が大きすぎるため、いったいどれくらいの人の数なのか、ピンと来ない。

一四年間、毎年三万人以上の人が自死したということは、単純に掛け算をすると四二万人。宇都宮市、長崎市、あるいは金沢市といった日本有数の大都市の人口に匹敵する。その都市が、すっぽりと消えてなくなってしまうほどの人が、この間に自らの手で命を絶ったということだ。別の比較をすると、未曾有の大被害といわれた東日本大震災の死者数一万八四七九人の一・五倍以上、という表現も成り立つかもしれない。毎年三万人が自死するということは、それぐらいの大事件なのだ。

数値化することは状況を俯瞰するのには役立つが、同時にひとりひとりの死の意味を希薄化させる危険もはらんでいる。「自死」はひとりひとりにとってはとてつもなく重いということを強調しておきたい。

日本政府は、自死者の数が二万五〇〇〇人を切ったことで自死対策の成果を強調している。ただ、ここで注意したいのは、私たちが知らされる自死者の数は、日本政府が「自死」であると認定した人の数のことであり、実際に自死している人の数はそれよりずっと多い。それは数字のマジックというより、数え方の違いによるものだ。

これはしばしば指摘されることだが、日本では毎年一七万人ほどが「異常死」を遂げている。「一七万人の異常死」と聞くと思わず身構えてしまうかもしれないが、「異常死」とは専門用語で、医師の診断によって原因が特定された以外、すべての死が「異常死」に分類される。つまり、自宅で突然亡くなったり、事故で亡くなったりしても、死亡直後はすべて「異常死」となる。ただし、その後の監察医による検死を経て、死因がはっきりすれば、「病死」や「事故死」などに分類され、「異常死」からはずれてゆく。日本にこれだけ多くの「異常死」が存在する理由は、ひとえに監察医の数が不足していることによる。本来なら医師による検死を受けなければならない人のうち、一割ほどしか検死がおこなわれないため、残ったすべてが「異常死」として処理されている。

それでは一七万人の「異常死」の中に、どのくらいの数の「自死」が含まれているのかというと、答えは簡単ではない。死亡した時点で「異常死」に分類され、その後、検死がおこなわれた一割の死因をみると、おおむね七割が病死で二割が自死となっている。もちろん、検死された一割は、通常の病死ではない可能性が高いと思われるケースが多いため、一七万人の「異常死」のうちの二割が「自死」であると簡単に言い切ることはできない。ただ、「異常死」と分類されている人の中に、かなりの数の自死者が含まれていることは疑う余地がない。彼らは政府が発表する自死者数にはカウントされていないのだ。

ちなみに、ネット上には、「ＷＨＯが、不審死の半分を自死とカウントすべき、と通達しているため、不審死者一七万人のうち半分、つまり八万人以上の自死者がいるはずだ」という書き込みが数多くある。しかし、ＷＨＯのいう「不審死」とは、文字通り、不審な死を遂げた人のことで、日本のように監察医不足によって検査されないために「異常死」に分類されたのとは事情が違うため、これは誤った情報である。

そのほかにも、公表された自死者数が実際より少なくなる理由として、「自死」を試みたがすぐには亡くならず、病院に搬送された後に死亡した場合、自死を試みてから二四時間が経過すると、搬送先の病院で医師が判定した症状が死因となる。そのため、こうした人たちも「自死」にはカウントされない。

また、多くの自死遺族は世間体を考え、可能な限り「自死」という事実を隠したがる。例えば、死のうとして薬物を大量服用して亡くなった場合、遺族が世間体を考え、懇意にしている医師に頼んで、「事故死」、もしくは「急性心不全」など、あたかも死因が「自死」ではないように死亡報告書を書いてもらうことはしばしばおこなわれている。

さらに、自死統計では、列車への飛び込みなど、明らかに「自死」を意図してアクションを起こした場合のみが「自死」にカウントされる。だが実際は、グレーゾーンの自死行為は多数ある。例えば、危険な運転を繰り返し、しまいには大きな交通事故を引き起こして命を落としてしまった人。アルコールや薬物の依存症になり、身体をむしばまれた結果、亡くなる人。このように、「事故死」や「病死」に分類されている人の中にも、「緩慢な自死」としか表現しようのない亡くなり方をする人は少なからずいる。

さらに、二〇〇八年に秋葉原で起こった無差別殺傷事件のように、自分で自分を殺めることができず、罪を犯すことによって司直の手で命を奪ってもらおうとする人まで現れている。また、自死を試みたが死にきれなかった、いわゆる自死未遂者の数は、実際に自死した人の二〇倍いるといわれている。これらの人々を広義の「自死者」と考えたとき、この日本で、一体どれほど多くの人が自ら命を絶とうとし、あるいは、実際に絶っているのか、想像もつかない。

二〇一二年の世界保健機関（ＷＨＯ）の統計によると、世界中で一年間に自死する人の数はおよそ八〇万人。この数は、一年間に殺人事件で殺される人の数（五八万人）と戦争で亡くなる人の数（二一万人）を足した数を上回っている。さらに、自死未遂者の数となるとその二〇倍、およそ二〇〇〇万人にのぼるという推計がある。それは、全人類の二〇人に一人が、一生のうち一度は自死を試みている計算になるそうだ。

人はなぜ、自死するのか？

この問いに対して、誰もが納得できる答えを見つけるのは容易ではない。辛いことに出会ったとき、「いっそ死ぬことができたらどんなに楽だろう」と思ったことのある人は少なくないと思う。「自死」の真相は厳密には誰にもわからないことかもしれない。ただ、これだけは断言していいと思う。幸福な人、人生が楽しくて仕方ない人は、通常、「自死」などしない。日本にたくさんの「自死者」が存在するということは、日本にたくさんの不幸な人、少なくとも、万難を排してまで生き続けるほど、人生が素晴らしいと感じていない人が数多くいるということだ。

私は本人の意志で「自死」を思いとどまれるなら、「自死」など絶対にやめるべきだと思う。ただ「自死」の多くは、一般に考えられているように、自死者が自らの意志で死を選んだ、という単純なものではないと思っている。私が「自死」について伝えなければと思ったのは、とても身近な出来事でありながら、あまりに多くの人が「自死」の現実を知らず、「誤解」「偏見」そして「差別」を抱いている思ったからだ。

日本は、世界に冠たる治安の良い国だといわれている。日本で暮らす外国人の多くが日本の魅力の筆頭にあげるのが、「おもてなし」の心でも、「便利さ」でもなく、「治安の良さ」だ。確かに、二〇一二年の統計を見ると、日本の殺人件発生率はアメリカの一五分の一、ブラジルの八四分の一、最も高かったホンジュラスの三〇〇分の一に過ぎない。それほど日本は治安の良い国なのだ。だが、ここまで見てきたように日本は世界に冠たる「自死大国」でもある。

二〇〇八年をピークに、日本の自死者数は減少傾向にある。二〇一五年の日本の自死者は二万四〇二五人、自死率は一〇万人あたり二〇人を切った。それでもなお、自死率はアメリカの一・五倍、イタリアの四倍、経済破綻で自死者が増えているといわれるギリシャの四倍以上、依然として日本が自死大国であることに変わりはない。安全で、豊かなはずの日本で、なぜ、これほど多くの人が自ら命を絶っているのか。私たちの社会のどこに問題があるのか。このことについて正面から向き合ってみたいと思った。本書が、日本社会で多発する「自死」の源に、少しでも近づければと願っている。

すでにお気づきと思うが、本書では、「自殺」という言葉を使わず、一般にはなじみの薄い「自死」という言葉を使った。「自死」という言葉は、差別と偏見に苦しんできた多くの遺族が望んだ表現であり、遺族たちの請願によって、島根県、鳥取県、宮城県のように公文書の表記をすべて「自殺」から「自死」に変えた自治体もある。実は私自身、「自ら命を絶つ」という行為を表現するのに、どのような言葉が適切なのか、いまだによくわからない。ただ、「suicide（一八世紀以前はself-killing）」という英語の翻訳である「自殺」という言葉が、複合的な要因の中で「死」に追い込まれていった個人の状況を正しく伝えておらず、また、「自殺」という言葉の持つ差別と偏見にまみれた既成概念が、名称を変えることで、少しでも変化するための一助になればとの思いから、本書では「自死」という言葉を使うことにした。

第一章　学校と自死

若者の自死は増えている

日本の内閣府が発表する自死者の数が、一五年ぶりに三万人を割ったのは二〇一二年のことだ。二〇一五年の自死率は一〇万人あたり一八・七人、これはＯＥＣＤ（経済協力開発機構）加盟三四カ国中、三番目に多い記録ということになる。この数字に対する評価は色々あるかもしれない。しかし、統計をさらに詳しく見てゆくと、ひとつの重大な事実が見えてくる。一五歳から三九歳、いわゆる若年層の自死率に限ると、日本は先進国の中でダントツの一位なのだ。さらに看過できないのは、一五歳から三四歳までのすべての世代において、死亡原因の第一位が「自死」となっている。これはＧ７と呼ばれる先進国の中で、日本にしか見られない現象である。

しかも近年、自死する若者の数は確実に増えている。バブル経済が崩壊した一九九一年と二二年後の二〇一三年を比べてみると、一五歳から二四歳までの若者の自死率は二倍以上になっている。ところが、この重大な事実は見落とされがちだ。この三〇年の間に三〇歳以下の若者の数が四割も減っているため、総数だけを見ているとほぼ横ばいだからである。

自分の手で人生を変えることができるはずの若者が、それを放棄し、自ら命を絶つ者が増えているとすれば、それは国の未来にとっても極めて憂慮すべきことだと思う。ところが毎年のようにこの事実が報じられていても、それに対する有効な対策が打たれていない。なぜ日本で、かくも多くの若者たちが自ら命を絶とうとし、実際に絶っているか。まずはこの点について考えてみたい。

実は、いまから五〇年以上前、若者の自死が多発した時代があった。そのピークは一九五八（昭和三三）年で、当時の一〇万人あたりの若者の自死率はいまの三倍以上あった。一九五八年といえば、ヒット映画『三丁目の夕日』でノスタルジックに描かれた、日本が高度成長期の入り口にさしかかった最もエネルギッシュな時代である。日本人が未来に明るい希望を見いだしていたはずの時代に、なぜ多くの若者が自ら命を絶っていったのであろうか。幼少期に悲惨な戦争と戦後の混乱を体験し、そのトラウマを抱えた若者がたくさんいたのだろうか。

当時のメディアは、多発する若者の自死を「厭世」というキーワードで括っている。「厭世」、つまり「生きているのがいやになった」、「やってられないよ」ということだ。なぜ、貧しく、社会が荒んでいた終戦直後ではなく、敗戦のショックから立ち直ろうとしていたこの時期に、多くの若者が生きる希望を失ったのであろうか。

当時の社会学者はこう分析している。戦後教育によって、新しい価値観や生き方を伝授された若者たちが前を向いて歩きはじめようとしたとき、古い価値観を持った大人たち、あるいは古い日本社会のシステムが、彼らの前に壁のように立ちはだかった。その壁があまりに頑丈だったため、若者たちは強い「閉塞感」を感じ、未来に希望が持てなくなったのだという。

その象徴的な出来事が、当時多発した「心中」事件だ。戦後教育で、個の尊重や自由の尊さを学んで育った若者たちは、恋愛を謳歌し、その相手と結ばれることを強く望んでいた。ところが現実の世界には、日本伝統の「家」を中心とする社会制度があり、親や周囲の大人が決めた相手と結婚させられる、いわゆる「見合い結婚」が主流だった。そのため、お互いに愛し合いながら引き離されてしまった恋人たちが数え切れないほどいた。心中は一例に過ぎない。自分たちの価値観が古い社会システムという壁に突き当たり否定される中で、生きる希望を失った若者がたくさんいたと考えられている。

若者を取り巻く状況

この「希望の喪失」、あるいは「閉塞感」といったキーワードは、状況こそ違え、いまの若者にも通底している気がする。その象徴的な出来事のひとつに「就活自死」がある。警察庁の自殺統計によると、二〇〇七年から二〇一四年の八年間に、就職活動が原因で自死した若者は三〇二人いる。また未遂者は実際に亡くなる人の一〇倍といわれるので三〇〇〇人以上が自死を試みたと推定される。ある新聞社が就活をしている学生にアンケートをとったところ、二割の学生が就活中に死にたいと思ったことがあると答えている。古い世代の人たちから見れば「たかが就職に失敗したぐらいで」と思うかもしれない。なぜ、そんな状況になってしまっているのか。

まず、ちゃらんぽらんに生きてきた若者は就職に失敗したぐらいで「自死」などしない。就活自死する若者の多くは、親や周囲の期待に応えようとそれなりに真面目に生きてきた若者である。彼らは日本社会の定めたレールに則って受験戦争を必死で戦い、就職をひとつのゴールと考えて生きてきた。少しでも評価の高い企業に入るために勉強をし、面接試験で高評価を得るため、目指す企業の下調べをしたりして努力を重ねてきた。ところが、いざ就職活動を始めてみると、何十社もの企業から不採用の通知を受け取る。

学生時代、試験の点数が悪かったり、受験に失敗した場合、それは本人の努力が足りなかったせいであり、一〇〇パーセント「自己責任」であると教え込まれてきた（事実は、必ずしもそうでないと思うが）。そのため、多分に相性の問題もある就職試験の失敗も、すべて自分に非があると考えてしまう。また、就職試験は学力だけでなく、面接試験もあって、人柄や考え方、外見など、その人のトータルが問われる。その結果、企業から不採用通知を受けることは人格の否定、「あなたは無価値な人間ですよ」といわれているような気持ちにさせられてしまうのだ。たくさんの会社を受験すると、実際に人格そのものを否定するような心ない言葉を浴びせる面接官もいる。ただでさえ落ちこんでいた気持ちに、さらに大きなダメージが加えられるのだ。

また、就職活動をしたある若者は、もっとも耐えがたかったのが、試験会場で「あなたの夢は何ですか？」、「あなたにしかできないことは何ですか？」と問われることだったと答えた。彼らは子どもの頃から、少しでも良い学校に進学するために、夢や自分の大好きなことを封印して生きてきた。「そんなことにかまけていたら、人生の負け組になるよ」と言われ続けてきた。また学校では、仲間はずれにされたり、「いじめ」にあったりしないように周囲に合わせ、個性を際立たせないよう、いわゆる「気配を消す」生き方を身につけてきたのだ。そんな彼らが、いざ仕事に就く段になって、「個性」や「特技」や「夢」を求められるのだ。

その若者は考え抜いた末、正直に、「自分の夢は一生懸命働いて、幸せな家庭を持つことです」と答えた。すると面接官に「そんなちっぽけな夢しかない人間、うちの会社はほしくないね」と言われたという。実は、ちっぽけな夢しか持てなくなってしまった自分に対する情けなさは誰より本人が一番感じていた。その瞬間、自分の今までの人生はいったい何だったのだろうかと思った。すると後悔の念がつのり、生きているのが空しくなったという。

もうひとつ、就活する学生を追いつめているものに、「新卒一括採用」という制度がある。日本の企業文化であった年功序列や終身雇用制など、古いシステムの多くは少しずつだが崩壊しつつある。だが、多くの日本企業はいまだに「新卒一括採用」に強いこだわりをもっている。そのため、学生たちにとって、学校を卒業する時点での就職活動が人生を左右する一大事業であり、信じられないほど大きなプレッシャーがかかるのだ。

それでは、望みが叶って就職が決まったらハッピーエンド、バラ色の人生が待っているのかというと、そうとは限らない。職場で待っているのは、奴隷のような激務だったり、上司のパワハラだったりすることもある。休みも与えられず、夜遅くまで働かされ、何のために生きているのかさえ分からない日々が続く。こんなはずじゃなかったと思い、会社を辞めたいと思っても、フリーターになればたちまち生活が立ちゆかなくなることは周りを見渡せばわかる。そこで、石にかじりついても頑張ろうとする。その結果、身体を壊したり、心の病に陥って、「過労死」、「過労自死」が起こる。

勇気をもって会社を辞めたとしよう。能力のある人なら、自分で起業するなどの選択肢があるかもしれない。しかし、画一的な教育を受け、特別なスキルを持たない多くの若者たちは中途入社もままならず、その後、派遣労働やアルバイトなどで生計を立てるしかなくなってしまう。時給換算の仕事の賃金では、自分一人ぐらいならなんとか生きてはいけるとしても、蓄えもできず、結婚して子どもを育てるなど夢のまた夢だ。その厳しい現実を紛らわせるために、ゲームやインターネットなど、バーチャルな世界に逃げ込むようになる。あるいは、ギャンブルやドラッグに逃げ込む者もいる。いずれにしろ、「こんなことを続けていても、この先、あまり良いことはなさそうだ」と思いながら生きているうち、生きるエネルギーそのものが奪われていってしまう人もいる。

このように、いまを生きる若者の人生には、ロールプレイングゲームさながら数多くの落とし穴や行き止まりが待ち受けている。若者の「自死」が増えている背景には、こうした様々な形の社会的閉塞感がベースにあると思う。そんな中、引き金となる事件や要因が重なれば、「自死」は簡単に起こってしまうのだ。

自死原因のトップは「学校」

長い間、教育現場の取材をしてきて、若者たちの閉塞感を生み出す源のひとつに、「学校」の存在があると感じていた。それは必ずしも日本の「学校」が悪いということではない。最大の問題は、日本の子どもたちにとって、「学校」の存在が巨大すぎることだ。実際、未成年者の自死に限定すると、政府が発表する自死原因のトップにくるのが「学校問題」で、全体の三割を占めている。さらに男子に限ると、自死原因の四割が「学校問題」である。だが、「学校」はさらに多くの若者の自死に関与していると思う。

例えば、未成年者の自死の原因の第二位は、「健康問題」でおよそ二割を占める。女子に限れば三割が「健康問題」で自死していて、「学校問題」とほぼ同数を占める。高齢者ならいざ知らず、なぜ一〇代の女性が「健康問題」で悩んだ末に自死するのだろう。実は、若者の「健康問題」の大半は、うつ病など「心の病」であり、その多くは友人をはじめとした人間関係の悩みなのだ。こうした人間関係を形成する場もまた「学校」なのである。

日本人と「学校」との関わりを整理してみる。多くの人の学校との関わりは、三歳ないし四歳で幼稚園に入園するところから始まる。そして、小学校、中学校という九年にわたる義務教育期間を経て、九八パーセントの若者が高等学校へと進学する。さらに、八割近い若者が大学や短大、もしくは専門学校の門を叩き、最近では大学院に行く若者も増えている。つまり、人間形成が行われる大切な時期の大半を日本人は「学校」と共に過ごしている。とはいっても、学校で過ごす時間はせいぜい一日八時間程度、残りの一六時間は家庭をはじめ、学校の外で過ごしているではないか、という意見もあるかもしれない。確かに、時間の長さだけを見ればそうかもしれない。だが、修学期間中の子どもは「学校」という場にいなくても、宿題をやったり、塾に通ったり、休日には部活の大会に出たり、さらには、次の学校に進むための受験勉強をしたりと、生活の大半を「学校」および、「学校」に関連した事柄に捧げている。このように「学校」は逃れることのできない巨大な帝国のように子どもたちの上に君臨しているのだ。

私はかつて、ホームスクーリングをする家族たちに会って話を聞いたことがある。ホームスクーリングとは、「学校」教育に疑問を感じたり、自分の子どもが学校にあわないと思った親たちが、学校に通わせず、家庭で子どもを教育する方式のことで、欧米社会ではかなり一般的に行われている。ところが、日本の場合、こうした子育てのほとんどが成功とは言い難い結果に終わっていた。それにはいくつかの理由があると思うが、最大の要因は、そもそも多くの人の頭の中に、子どもを「学校」に通わせないという選択肢がないため、ホームスクーラーの絶対数が少なく、地域の中で孤立してしまうことだ。

また、日本の子どもたちの多くは、学校が終わったあともスポーツ教室や英会話教室、ピアノなどのお稽古ごと、さらに、塾や部活など、とにかく忙しい。そのため、学校外で遊ぶ時間がほとんどない。あったとしても気心の知れた学校の仲間と遊びたがる。私が出会った小学校三年生のホームスクーラーは、地域に一緒に遊ぶ仲間が少ないことに危機感を感じた母親が、近所の水泳教室に通わせていた。ところが、そこでも同じ学校に通う仲間同士が群れてしまうため、結局、うまく友達をつくれなかった。その背景には、日本社会が学校に行かない子ども、つまり、社会の敷いたレールに乗っていない人間を煙たがる風潮があり、子どもたちもそれを敏感に感じているということもあったと思う。このように、日本の子どもたちは学校以外の場で友人をつくるのがとても難しい状況にある。裏返せば、学校での人間関係づくりに失敗すると、たちまちひとりぼっちになってしまう危険性があるのだ。

日本の子どもたちにとっての唯一の「社会」は「学校」である。それでも、小学生の頃は、学校での関係づくりがうまくいかなくても、家族が受け皿になってくれるだろう。だが親離れが始まる中学、高校時代、学校での人間関係づくりがうまくいかなくなると、この世のどこにも居場所がなくなってしまうことになりかねない。そんな中で、特に深刻な影響を与えるのは、集団による「いじめ」行為である。唯一の社会である学校で仲間はずれにされることが、どれほど子どもにとってつらいかは想像がつく。

日本で「いじめ」を苦に自死したとされる子どもの数は、毎年、一桁台に過ぎない。ゼロという年もある。この数字の虚構性については後ほど伝えるが、いずれにしろ、毎年三万件近く起こる「自死」全体から見れば、「いじめ自死」は、数だけ見れば取るに足らない小さな事象かもしれない。それでも、「いじめ自死」の話から始めたいと思ったのは、日本で起こる多くの「自死」のひな形が、学校に蔓延している「いじめ」の中にあると思ったからだ。

「いじめ」の誕生

「いじめ」という行為が社会問題化し、メディアで取り上げられるようになったのは一九七〇年代後半のことだった。しかし当時まだ、「いじめ」という言葉は存在せず、「いじめ」の中の暴力的な側面ばかりが強調されがちだった。その後徐々に、集団で存在を無視する

「シカト」という行為をはじめとした、心理的な暴力こそ「いじめ」の本質だという認識が高まってゆく。当時、時代を読むバロメーターとして使われていた『現代用語の基礎知識』に、「いじめ」という項目が登場したのは一九八四年版からだ。愛知県立大学の山田正敏教授はその概説の中でこう記している。

「昔からあった子どもの世界の弱いものいじめとは異なる、主として遊びの中で自然に身についていた『いじめの技術』（手加減、回避、仲裁）を喪失した子ども達によるいじめが、今日のいじめ社会の特徴である」

つまり、「いじめ」にあたる行為は昔からあった。しかし、かつては相手の痛みを感知するセンサーが働き、相手を死の淵まで追いつめるまでの「いじめ」は回避されてきた。ところが、一九七〇年代後半あたりから、その歯止めが失われてしまい、その結果、「自死」に追い込むまでの深刻な「いじめ」が全国各地で多発するようになったというのだ。

こうした変化がなぜ起こったかについては、様々な要因が挙げられている。社会が忙しく、かつ複雑になったことで大人たちのストレスが増大し、それが子どもに投影されているという意見。また、経済成長が頭打ちになったことで、明るい未来を描きづらくなったことから、社会に閉塞感が広がっていることもある。また、こうした背景があって学校が荒れたとき、子どもたちの反抗を抑えるために学校が様々な管理強化を進めた結果、増大したストレスのはけ口が、内側に向けられるようになったことなどが理由としてあげられている。「いじめ」の発生理由について論じることは本書の趣旨でないので、このくらいにしようと思うが、昔からあった「いじめ」に類する行為が、ある時期を境に質が変わったということだけは間違いないと思う。

文部省（現在の文部科学省）が学校における「いじめ」の統計を発表するようになったのは、『現代用語の基礎知識』に「いじめ」という言葉が掲載された翌年、一九八五年度からだ。きっかけになったのは一九八六年二月、つまりその年度の終わりに起こった、東京の中野富士見中学の「いじめ自死」事件とされている。

当時中学二年生だった鹿川裕史君(13)が、「このままじゃあ、生きジゴクになっちゃうよ」という遺書を残して命を絶った。その後、「葬式ごっこ」を初めとした鹿川君に対するむごい「いじめ」の実態が明らかになったことで、学校における「いじめ」が、日本における重要な社会問題のひとつであるという事実を日本国民全体が共有したのだ。

小柄だった鹿川裕史君は、中学にはいると仲間から「パシリ」、つまり、使いっ走りの役回りをさせられるようになる。彼に対する人格の軽視は、やがて暴力を含む、さらに激しい「いじめ」行為へと発展してゆく。顔にマジックで髭を書かれ廊下で踊らされたり、校庭の木に登らされてみんなで木を揺すぶられたりなど、様々な辱めを受けた。教師たちも「いじめ」のいくつかは目撃していて、鹿川君といじめの当事者との間で話し合いが持たれこともあった。しかし、対応のまずさもあり、鹿川君に対する「いじめ」はそれによって収束することはなかった。そればかりかさらにエスカレートし、鹿川君に対する暴力行為は日常化していった。

その後、「シカト」と呼ばれる、まるで鹿川君が存在しないかのように無視する行為がクラス内に蔓延した。そして、一一月、鹿川君を自死に向かわせた決定的な事件と思われる「葬式ごっこ」が起こる。鹿川君の机を祭壇に見立て、そこに写真や花などを置き、クラスメイトたちの寄せ書きが書かれた色紙が添えられた。その色紙は、「鹿川君へ　さようなら　2Aと　その他一同より」という表題とともに、「ざまあみろ」、「バーカ」、「いなくなってよかった」など、クラスメイトによる心ない寄せ書きで埋められていた。そして、そこにはなんと担任を含む四人の教師の署名もあったのだ。

教室に入ってきてそれを見た鹿川君は、「なんだ、これー」と言ったあと、うす笑いを浮かべ、やがて黙り込んでしまったという。鹿川君が、自宅から五〇〇キロも離れた国鉄盛岡駅の駅ビルの地下トイレで首を吊って自死したのは、それから二ヶ月あまり後のことだった。鹿川君は絞り出すような言葉で遺書を遺している。

俺だってまだ死にたくない。
だけどこのままじゃ「生きジゴク」になっちゃうよ。
ただ俺が死んだからって他のヤツが犠牲になったんじゃ、いみないじゃないか。
だから、もう君達もバカな事をするのはやめてくれ、最後のお願いだ。

鹿川君に対する「いじめ」の内容もさることながら、その「いじめ」に教師までが荷担していたことが日本社会に衝撃を与えた。学校、教育委員会、文部省（現・文部科学省）には抗議の電話が殺到し、早急な対策を迫られたのだ。こうした中で、文部省は「いじめ」にへの対応を迫られ、そのとき発表に踏み切った公立の小、中、高等学校での一年間の「いじめ」認知件数は、およそ一五万五〇〇〇件にのぼった。「いじめ」が大きな社会問題であることが、数字の上からも改めて浮き彫りになったのだ。

「いじめ」の定義をめぐる問題

ところが不思議なことに、翌年になると、「いじめ」の件数は一気に三分の一の五万件台に減り、さらにその翌年には二万件台にまで減少する。「いじめ」の認知件数が激減した理由について文部科学省はこんな説明をしている。

当初は、「いじめ」の定義が曖昧だったため、必ずしも「いじめ」ではない行為までもが「いじめ」の統計に含まれてしまった。そこで、「自分よりも弱いものに対して一方的に身体的、心理的な攻撃を継続的に加え、相手が深刻な苦痛を感じているものであって、学校としてその事実（関係児童生徒、いじめの内容）を確認しているもの」という定義を作成した結果、数が減り、その後も対策に取り組んだことで、適正な数の報告がなされるようになったという。

一年間に二万件という数字は、日本にあるすべての公立の小中学校のうち、二校に一校は年間を通じて「いじめ」がまったく起こっていないことを意味している。それは、あまりに実態とかけ離れた少ない数字なのだ。なぜ、そんなことになるのか。

ひとつは「いじめ」の認定基準にある。この時点での「いじめ」の定義では、たとえ本人から「いじめられた」という訴えがあったとしても、学校側が「いじめ」の事実を把握できなかった場合、「いじめ」はなかったことにされてしまっていた。反則があってもレフェリーがよそ見していれば、それが許されてしまうプロレスのようなシステムだ。

また、認知件数の多少が学校や教員の評価や人事査定にも影響を及ぼすようになったこともある。つまり、教員や学校は「いじめ」をたくさん見つけ、解決したことが評価されるのではなく、どれだけ「いじめ」を起こさなかったかで評価されるシステムなのだ。そのため、学校が「いじめ」を教育委員会に報告しないこともあったに違いない。その結果、現実とはかけ離れた数字がでてきたのだ。

こうした「いじめ」の基準に若干の修正を加えさせたのが、一九九四年、愛知県の西尾市立東部中学で起こった、当時中学二年生だった大河内清輝君の「いじめ」自死事件だったといわれている。大河内君は長文の遺書を残し、自宅の柿の木に首をつって亡くなった。遺書には、日常的に暴力を加えられ、窃盗を強要されたり、女子生徒の前で強制的に自慰行為をさせられたりなど、生々しい事実が克明に記されていた。この事件を契機に、「いじめ」問題に対する学校の対応の生ぬるさが、またしても世間の批判を浴びた。その結果、いじめの認定基準が改定され、教師が知らない場所で起こっていても、その後、「いじめ」があったという事実が確認されれば、教育委員会に「いじめ」として報告することが義務づけられるようになったのだ。その結果、二万人台で推移していた「いじめ」の認知件数は、二・五倍の五万五〇〇〇件に増えた。

ところが、「いじめ」の認知件数はすぐに減り、再び、文部科学省が数値目標に掲げる二万人に向かって収束してゆく。だが、文部科学省の出す統計上の数字とは裏腹に、「いじめ」はその後も深刻化してゆく。二〇〇六年には、北海道滝川市の小学六年の児童、そして、福岡県筑前町では中学二年の生徒が相次いで「いじめ」を苦に自死する事件が起こる。これらがメディアで大きく取り上げたこともあり、文部科学省は二〇〇七年、再度、「いじめ」の定義を変更することを余儀なくされた。それまでは、「力の非対等性」、「継続性」、「深刻な苦痛」という三要素がない限り、「いじめ」とは認めなかった。つまり、圧倒的に力の差のある者から、長期間にわたって、悪質ないじめを受けていない限り、「いじめ」事件として認定していなかった。だが、加害者と被害者が一見して対等な関係に見えても、また、長期間にわたるいじめでなくても、被害者が「精神的苦痛」があったと訴えれば、そこに「いじめ」行為があったとする、ようやく、「いじめ」の現実に即した認定基準が設けられたのだ。その結果、「いじめ」の認知件数は一気に六倍の一二万件にまで跳ね上がった。

文部科学省が発表する「いじめ」の統計を時系列で見ればわかると思うが、社会問題化するような「いじめ自死」事件が起こるたびに「いじめ」の定義が変更され、認知件数が増え、その後、数値目標に向かって再び数が減ってゆくという、とても不自然な増減を繰り返しているのだ。そして、二〇一一年、大津市でまだ記憶に新しい傷害致死事件といってもよい、「いじめ」自死事件が起こった。

複数の加害者による日常的な殴る蹴るの暴行をはじめ、「自殺の練習」と称して窓から飛び降りる練習をさせるなど、常軌を逸した行為が数々が明るみになった。「いじめ」の手口の悪質さに加え、学校が「いじめ」の事実を知りながら対応しないばかりか、自死事件後も執拗に事件を隠蔽しようとしたことが明らかになり、それに義憤を感じた人々が、ネットを通じて個人情報を拡散し、加害者とその家族を社会的に葬り去ろうとした。さらに、隠蔽を指示したと思われる教育長が暴漢に襲われ、重傷を負うという前代未聞の事件に発展した。こうした一連の事件を受け、社会全体に「いじめ」と真剣に向き合わなければという気運が生まれ、二〇一三年の「いじめ防止対策推進法」の成立へと繋がっていった。

この法案の成果は、それまで「いじめ」は決して好ましい行為ではないが、人間の社会なら「どこにでもあるもの」として、原則、関係者間の話し合いで解決するという処理がされてきた。ところが法案成立によって、「いじめは人間として、許してはいけない逸脱行為である」という認識が共有され、目に余る暴力などがあった場合、学校内のトラブルとして処理されていた「いじめ」が、警察介入も辞さない「犯罪事件」として処理されることになったのだ。こうした意識変革を経て、二〇一二年度の「いじめ」の件数は一気に二・八倍、一九万八一〇八件に跳ね上がったのだ。一九八五年に「いじめ」の調査が始まったとき、判定基準が曖昧だったため数が多すぎたと発表した数字を上回ったのだ。つまり、文部科学省がつくった「いじめ」の認定基準より、現場の教員たちが自分で判断した「いじめ」の数の方がはるかに実態に近かったことになる。

ただ気になるのは、一九万八〇〇〇件という数のリアリティである。決して少なくないこの数字でさえ、私が以前、首都圏のいくつかの中学校で生徒たちから「いじめ」について話を聞いた経験からすると、まだまだ少ない数だと感じている。私が聞き取りした際の本人たちの自己申告によれば、八割近くの生徒が何らかの形でいじめの加害者、もしくは被害者になったことがあると告白したからだ。

「いじめ」が、必ずしも学校のせいだけで起こっているとは思っていない。また、世界の教育関係者が「いじめ」問題に手を焼いているように、「いじめ」が日本社会特有の問題だとも思っていない。つまり、教育現場における「いじめ」問題は、社会全体が真剣に考えなければならない重要な事件なのだ。問題なのは、それにもかかわらず、学校や教育行政は「いじめ」の実態をできるだけ小さく見せることで、社会問題化させないようにしてきたことだ。この臭いものに蓋をする体質こそが、学校がいじめ問題に真剣に向き合わないというサインとなり、「いじめ」を助長してきたのではないだろうか。

それでも、「いじめ」全般についていえばまだましかもしれない。これが「いじめ自死」事件となると話がまったく違ってくる。学校はかたくなまでに、「いじめによる自死」を認めようとしないからだ。

「いじめ自死」ゼロという現実

文部科学省の発表する統計に、「いじめによる自死」が加わったのは、「いじめ」の調査を開始した一四年後の一九九九年のことだ。それから二〇〇六年までの八年間、いじめによる自死は毎年、ゼロ行進を続けた。その後、裁判結果を受けた見直しがあり、一九九九年と二〇〇六年にそれぞれ一人を記録したものの、二〇〇〇年から二〇〇五年までの六年間、「いじめ」による自死者の数はゼロということになっている。その間、数多くの児童や生徒が遺書などを通じて、「いじめ」が原因で自死したことを訴えているにもかかわらずである。それは、殺人事件が発生し、その証拠がたくさんあるにもかかわらず、警察が「事件性なし」と処理するようなものである。なぜ、そのような恐ろしいことが教育現場でおこなわれているのだろうか。

文部科学省の統計に、いじめ自死「ゼロ」と記録されている二〇〇六年、山形県米沢市で起こった事件を紹介する。当時、県立高校に通っていた渋谷美穂さんは、「くさい」など、長期間にわたって言葉の暴力を受けていた。そして、二〇〇六年一一月、通っていた高校の渡り廊下から飛び降りて、自ら命を絶った。美穂さんは、いじめ被害のさなか、携帯電話の中に「詩」という形で自分の心の内を書き残していた。遺族の希望で、それらの詩をお伝えすることはできないが、初めて彼女の詩を読ませてもらったとき、自分の状況に向き合おうとする真摯さに心を打たれた。その中で、唯一、公開することを許された「遺書」として書かれた文章の一部を紹介する。

「いじめ」にあう子どもは発達が未熟だったり、自己中心的で性格に難があるという言葉をよく耳にする。教育関係者の中にもそう考えている人は少なくないようだ。確かにそういうケースもあるのかもしれない。だが、私の知る限り、それは偏見に基づく誤解だと思う。いまの学校では、能力や性格に関係なく、誰もが「いじめ」の対象になりうるのだ。美穂さんに関していえば、彼女が紡ぎ出した言葉を読めば、同世代の中でもトップレベルの知性と感受性を持つ高校生であったことがわかると思う。

個性の時代と人は言うけれど、人を認めようとしない個性？
皆と同じ一体化した個性？
アハハ
そんな偽りの個性、中途半端ならやめて

皆は恵まれすぎているから退屈なんだ。
恵まれすぎてて、心が貧しいんだ。
だから戦争をしろって意味じゃないけど。

きっとアフリカの難民の方が温かい心を持っているね
日本人は心がスカスカしていて、濁っていて、曇り空みたいだ。
青空を映さない、白っぽくてどんよりしている、この曇り空。
雨が降るなら降って
綺麗で醜くて、嬉しくて悲しい、この世の中なんか
全部流して

自殺する子はね、この世を見限っているんだよ
悲しさもあるけど、

平和なんて幻想掲げて何するの？
そんなの一生手に入らないよ
私みたいな狭い世界で暮らしている子でさえも、差別を受けているのに

生きるって何するの？

笑うの？
悲しむの？

何もしらない脳みそを、死ぬまで絞り尽くして何を得るの？
人は生きる目的を求めて死んでいく
だから、今の人、ほとんど死んでいるんじゃないかな？

私の勘違いだったらごめんなさい
でも、人はもしかしたら
そこにいる蟻よりチッポケで、どうしようもなくて……
そうじゃない？　違うのかな？

この世がどうにもならないと決めて、死ぬんだよ
人のことを信頼できないよ
後ろに立たれるのが怖いよ
この世の理不尽
この世の美しさ
わかるにはまだ未熟なことは分かっている
でも、言わせてください。
この世は悲しみと喜びがあるから美しい。
六の悲しみと、四の喜び。
これが、私の中のこの世の比率。

なにもない。０
これが、私の中の死という考え。
六つの悲しみと四つの喜びより、起伏もなにもない０へ。
臆病な私は、０へ。

自分に降りかかってくる仲間たちからの不条理な言葉の暴力に対し、美穂さんは相手を責めるのではなく、必死に自分の置かれた状況を客体化しようとしている。ただただ平穏で、ありふれた高校生活を送りたいと願う少女の小さな願いが、クラスメイトたちの言葉の暴力で奪われてゆく。その不条理な状況を、理解することで乗り越えようとしている姿が痛々しいほど伝わってくる。彼女は、その不条理を仲間や教師に必死で訴えようとしている。だが、誰もが傍観者として助けてくれなかった。一七歳の心は、こうした孤独な状況の中で次第に絶望の淵へと傾いてゆく。

日本語の「時（とき）」という言葉は、ほつれた糸を「解く」という言葉に起因するともいわれている。美穂さんの詩からはまさに、このほつれた糸を必死でほどこうとしている苦闘が伝わってくる。両親の愛情をたっぷり受けて育った美穂さんは、完全にこの世界を見限っていたわけではなかった。一方で、クラスメイトから受ける「いじめ」という不条理な暴力。そして、それを傍観するという形で荷担する教師や他の生徒たち。美穂さんは、この「ほつれた糸」を解いてゆく作業の中で、この世に対する希望と絶望を繰り返しながら、「生と死」の狭間を揺れ動いていたのだと思う。やがて、彼女の「時」＝「解き」は、彼女なりの答えを見いだしてゆく。それが、「六の悲しみと、四の喜び」だった。

自死を試み、生還した人たちの話を聞く限り、自死者の多くは、「生きたい」という思いと「死にたい」という気持ちの狭間を揺れ動いている。自死者は「生」という谷と「死」という谷の間にある細い山の稜線を彷徨《さまよ》っているのかもしれない。普通の人から見れば、「生」という谷に滑り降りれば問題は簡単に解決するように見える。だが、この稜線を彷徨っている人たちにとって、「生の谷」も「死の谷」も同じ地獄にしか見えないのだ。

美穂さんの場合、それを表すような象徴的な出来事があった。彼女は死の直前、学校の三階にある渡り廊下で一時間あまり佇んでいたのだ。死のうかどうか迷っていたのかもしれない。それを発見した教師が駆けつけ、一番近くにあったトイレの窓から説得を試みた。彼女はしばらく教師の言葉を聞いていたという。そして、まるで彼らの言葉に絶望を確信したかのように、渡り廊下から九・七メートル下のコンクリートに向かってダイブしたのだ。ただ飛び降りたのではない。確実な死を意図して、頭から真っ逆さまに飛び降りたのだ。このときの美穂さんの心の内は、もちろん本人にしかわからない。ただ一つ言えることは、六と四の狭間で揺れていた美穂さんを、こちら側の世界に踏みとどまらせる希望の言葉を教師たちは持ち合わせていなかったということだ。

学校の怪談

いじめられている事実を誰かに告白することは、実はとても勇気がいることだ。自分の無力をさらけ出すことになり、プライドが二度傷つけられることになる。そのため、我が子の深刻ないじめに両親がまったく気づかないことも珍しくない。美穂さんの場合もそうだった。美穂さんがなぜ自ら命を絶ったのか、両親ははじめ理由が分からなかった。携帯電話の中に残された遺書から、初めて「いじめ」の事実を知り、驚いた両親は学校に対して真相の究明を求めた。学校はそれを受けて調査を開始する。

だがその後、学校が発表した調査報告書はとても両親の疑問に答えるものではなかった。「いじめは見受けられず、美穂さんが他の人への悪口やいたずらを自分に対するものと勘違いした可能性が高い」と断じていたのだ。つまり、美穂さんは勘違いで命を落としたことになる。美穂さんの両親が訴訟に踏み切った直接の原因は、学校側が出したこの報告書に対する不信感だった。それでも両親は、はじめのうちは学校の立場やクラスメイトへの影響、さらに娘の自死を世間に晒すことによって起こる好奇の視線や偏見を考え、学校から納得いく説明と謝罪の言葉をもらえれば、自分たちの怒りを収めるつもりだった。そして、娘の死の真相を知りたい一心で、両親は何度も学校側に情報の開示を迫った。しかし、情報開示は一向に進まなかった。この不誠実な態度に、美穂さんの両親は次第に学校に対する不信感を募らせてゆく。

美穂さんの両親によると、事件直後の学校側の対応はとにかく平身低頭だったという。学校も教育委員会も美穂さんの両親が会いたいといえばいつでも面会に応じ、話を聞いてくれた。ところが、「いじめ」の核心に触れる調査結果や情報開示の話になると、いつもはぐらかされた。そんな風に二年の時が瞬く間に過ぎていった。そんなある日、いじめによる自死で我が子を失った経験のある遺族がひとつの事実を教えてくれた。

「学校は訴訟を恐れているから、できるだけ遺族の気持ちを逆なでしないように気遣ってくれます。でも、この手の事件の時効はたった三年です。時効を迎えた瞬間、学校は掌を返したように冷たくなり、その後は一切、何を言おうと取り合ってくれなくなります。そうなったら、お嬢さんの死の理由は永久にわからなくなります」

それを聞いた美穂さんの両親は衝撃を受けた。思い当たる節があったからだ。このままでは娘の死が闇に葬られてしまう。真実を知るためには、訴訟を起こすことで情報開示させるしかない。そう考えた美穂さんの両親が真相究明のため訴訟に踏み切ったのは、時効を迎える三日前のことだった。訴訟を起こした途端、これまで低姿勢だった学校の態度は一変した。牙をむき、かなり荒っぽい方法で美穂さんの遺族を攻撃してきたのだ。

実は、教育現場で「いじめ」による自死事件が起こったとき、「学校」はあたかもマニュアルがあるかのように同じ対応をとる。方針は大きく二つある。ひとつは、「自死」は子ども自身、もしくは家庭の問題に起因しているというストーリーをつくりあげること。もうひとつは、そもそも「いじめ」など存在せず、自死した生徒が学校の仲間たちの行動を勝手に「いじめ」と勘違いし、自ら命を絶ったという物語だ。

初めに断っておくが、「自死」は複合的な要因で起こる出来事だ。美穂さんのケースも含め、よほど特殊な「いじめ」事件でない限り、学校だけに責任があるわけでないのは、多くの遺族も理解している。だからこそ、訴訟は稀にしか起こらない。美穂さんのご両親も、最後の最後まで訴訟など起こしたくなかった。訴訟に踏み切った理由はただただ、わが子の死の真実を知りたいだけだった。訴状は、学校に対する損害賠償請求という形を取ったが、もちろん目的はお金などではなかった。訴訟することで、真剣な再調査がなされ、事件の真相が明らかになるのではないかという一縷の希望だった。ところが、県の教育委員会と学校はそんな遺族の思いを踏みにじる行為に出てきたのだ。

第一の矢は、自死は家庭に問題があったというストーリーづくりだった。美穂さんの母親はパートの仕事をしていた。ある日、職場の同僚から「在日なんですってね」と言われて驚いたという。仮に「在日」であろうとなんら問題はないが、それは事実ではない。そこで、そんな間違った情報を誰から聞いたのか、と情報源を正したところ、驚いたことに、市が主催するイベントに参加した人が、雑談の中で、いじめ自死事件の訴訟を起こした母親が在日だと語ったのだという。それが意図的なデマかどうかはわからない。もし、それが意図的に流されたデマだとしたら、在日韓国朝鮮人に対する偏見を利用して貶めようとする、かなり悪質な行為だということになる。

また、美穂さんの兄の過去も歪曲され、被告側の裁判資料として提出された。美穂さんの家の付近は冬になると二階の窓から出入りしなければならないほどの豪雪地帯である。美穂さんの兄が中学三年生のとき、夜中、近所の友達と二階の窓から表に出て、雪の上で遊んでいるうち家に帰れなくなった。そこで、たまたま窓に鍵がかかっていなかった近所の家の二階の窓からその家に入って家に戻ろうとしたところ、驚いた家の住人が警察に通報するという事件があった。

美穂さんの兄たちはその場で取り調べを受けたが、事情を聞いた警察は事件性なしと判断した。そして翌日、両親と一緒に侵入した家に謝罪に行き、相手も事情を理解し、和解していた。どう見ても、中学生にありがちなたわいないルール違反の類の出来事だった。ところが、学校側は美穂さんのいじめ自死が家庭環境に問題があったことを示す材料のひとつとして、「素行の悪い兄」というストーリーをつくろうと、美穂さんの自死とはなんの関係もない兄の昔の事件を持ち出してきたのだ。勝ち負けを争うための裁判という制度は、そういう性質のものかもしれない。しかし、美穂さんの両親は、自己保身のために手段を選ばない教育機関の実態に、激しいショックと怒りを覚えた。

さらに悪質な事実のねつ造もあった。ある日、美穂さんが顔に小さな青あざをつくっているのを養護教諭が見つけた。美穂さんは「転んだ」と答えたそうだが、養護教諭は誰かに殴られてできた傷の可能性が高いと判断した。当時、美穂さんの両親と学校との関係は良好だったため、養護教諭から両親にその報告があった。両親はあざの存在に気づいていなかったので、誰かに殴られた可能性があるのだとしたら、ぜひ調査してほしいと学校に依頼したのだ。しかし、その後、調査は行われなかった。しかも驚いたことに、裁判所に提出された報告書には、美穂さんの顔のあざがあたかも家庭内暴力の結果できた傷であるかのようになっていたのだ。美穂さんの両親は呆然とした。ここまでくると、もはや『学校の怪談』である。そのほかにも事実を歪曲し、美穂さんの死を荒れた家庭に原因があったかのような印象を作り上げていったのだ。

だが、ホラー映画のような展開はそれだけで終わらなかった。第二の矢が放たれたのだ。それは美穂さん自身に対する誹謗に近い攻撃だった。さすがに学校側も、知性的で、優しかった美穂さんが「いじめ」の原因をつくったというストーリーづくりは避けたのかもしれない。しかも、遺書まである。そこで、遺書を否定するため、「いじめ」は美穂さんの妄想だったという論陣を張ってきたのだ。生徒たちからの聞き取りを中心とした調査委員会の報告書によると、「いじめ」が認められないばかりか、美穂さんが「いじめ」と感じた様々な言葉の暴力や嫌がらせは、すべて彼女の誤解や妄想から生じたことになっている。その根拠のひとつとして、美穂さんが本を読みふけり、現実逃避する傾向があったという「物語」が語られていた。だが、彼女の詩を読めば、妄想どころか、誰よりも現実を直視しようとしている姿勢がうかがえるのではないだろうか。

「傍観する」という生き方

「いじめ自死」は、事件そのものが大きな社会問題である。ただ、それ以上に大きな問題は、「いじめ自死」事件に対する学校の対応である。なぜ学校は、かつて生徒であった死者に対して、ここまでひどい誹謗中傷や名誉毀損をおこなえるのだろうか。以前、いじめによる自死事件の取材をしたとき、教育のあり方を熱心に考えている先生方のグループに、いじめ自死事件に対する学校の対応の不可解さについて意見を聞いたことがある。返ってきた答えはこうだった。

「自死する子どもは、たいてい家庭にも問題があるのです。学校に落ち度があったとしても、一方的に学校の責任にされては困るという思いがあるのだと思います」

そして、こんな風に続けた。

「少しでも学校が落ち度を認めてしまうと、親は感情的になっているので、際限なく責任を追及される可能性があります。だから、学校側も落ち度を認めづらいのです」

それらの言葉を素直に受け取れば、教員や学校も必ずしも責任を感じていないわけではない。ただ、家庭を含め、「自死」の原因はほかにもあり、保護者がそれを認めない限り、学校が先に責任を認めるわけにはいかないというのだ。確かに、教師たちの言うように、我が子を失った直後の遺族は冷静さを欠いているという側面はあるに違いない。だが私の知る限り、多くの遺族は、ただただわが子の死の真相を知りたいだけなのだ。わが子の死の真相さえわかれば、辛い状況の中でわざわざ訴訟まで起こそうとはしない。訴訟の多くは、学校側が事実を隠そうとすることから始まっているのだ。

この不幸な認識のズレによって、一人の生徒が命をかけて訴えようとした真実は仲間たちと共有されることなく、大半の資料を持っている学校が、あらゆる手段を講じて事実を隠蔽する。その結果、目にあまる暴力行為などがない限り、「いじめ」と「自死」の因果関係は立証されず、裁判は学校側の勝訴で終わる。美穂さんのケースもそうだった。それが、六年連続「いじめ自死者ゼロ」の現実であった。

心ある教員たちの中には、学校のこうした状況を変えようと努力している人もいる。しかし、日本の教員たちは、学業のみならず放課後の部活や生活指導、さらには多様な親たちとの対応など、あまりに多くの仕事を背負わされ、手一杯なのが現実だ。それは、毎年五〇〇〇人前後の教員が心の病で休職し、毎年一五〇人近くの公立学校の教員が自死していることからも見て取れる。

二〇一三年に「いじめ防止対策推進法」が成立した後も、隠しきれないほどの暴力があった場合など、特殊なケースを除き教育現場が「いじめ自死」事件の存在をかたくなに認めようとしていない状況は続いている。その背景には、こうした問題と真剣に向き合おうとすれば、現在の学力至上主義の教育システムそのものにメスを入れざるをえなくなるからではないか。別の表現を使えば、現行の教育システムを維持するためのコストの一部として、「いじめ」や「いじめ自死」が容認されているといっても過言でない。この点に関しては、学校や教育行政にかかわるすべての人たちが襟を正すべきだと思う。ただし、彼らが一〇年一日のごとくこうした対応をとり続けられるのは、サイレントマジョリティ、つまり、国民の多くがそれを黙認しているからだと思う。

東京都下で「いじめ」によって自ら命を絶った、中学二年の女子生徒のケースをみてみたい。彼女は二〇一〇年、自宅があるマンションの非常階段から飛び降り、自ら命を絶った。彼女の場合も、山形県で自死した美穂さんのケース同様、遺書によって、両親でさえ初めて学校で「いじめ」があったことを知ったというほど、言葉の暴力を中心とした見えづらい「いじめ」だった。遺書を読んだ両親が、学校に真相の究明を求めたことで事件は動き出す。ただし、彼女の場合、自死現場が学校ではなく自宅マンションだったため、学校の動きはさらによそよそしかった。

学校の対応に業を煮やした父親が保護者会の場で、血の付いた娘の制服をたたきつけたことから事件がマスコミに知られるようになり、報道合戦に火がついた。そんな中、何人かの保護者が自分の子どもも「いじめ」にあい、学校に相談したが何もしてもらえなかったと訴えた。こうしたことを受け、学校側は当初、事件の真相解明を約束した。しかし、こうした盛り上がりは長くは続かなかった。学校が箝口令《かんこうれい》を敷いた途端、事件のことを口にする生徒や親が急にいなくなったからだ。それにつれて報道陣の数も減りはじめ、やがて事件は忘れ去られていった。事件の火消しに回ったのは学校や教育委員会だけではなかった。在校生とその保護者たちもまた、事件の真相究明よりも幕引きを望んだのだ。

彼らが事件の幕引きを望んだ理由。それは、子どもを預けている学校と事を起こしたくないという保護者たちの思い、さらに、高校受験を控えた大切な時期に受験勉強に集中できなくなるという不安だったと思う。また、クラスメイトの飛び降り自死というあまりにショッキングな出来事に、事実を掘り返すことで子どもたちがトラウマを抱えてしまうことを心配した保護者もいた。いずれにしろ、クラスメイトの「自死」などにかかわって、我が子の将来を台無しにしたくないという親たちのエゴが、真実を究明したいという遺族の思いを押しつぶしたのだ。そして最終的には、事件をなかったことにした方が得だという価値観を、行政、教育関係者、保護者、さらにはクラスメイトたちまでもが共有したことで、真相解明はおこなわれないまま、事件に口を閉ざすことでひっそりと幕引きがおこなわれたのだ。

「教育」というものの本質を考えたとき、これは明らかに本末転倒ではないだろうか。教室で担任から仲間の自死を知らされたとき、クラスの女子全員がパニックに陥り、泣きながら保健室に走っていったという。クラスメイトの大半は、自分たちの「いじめ」によって仲間が「自死」したことを知っていたのだ。この身近で衝撃的な事件をきっかけに、なぜクラスメイトが自ら命を絶たなければならなかったのか、そして、こうしたことを繰り返さないために何が必要なのか、などを真剣に考えることは、高校受験のための勉強で得られる何倍もの「学び」が可能だったはずである。そこから、机上で行われている人権教育、さらに、文部科学省が導入にこだわった道徳教育より、はるかに質が高く、意味のある学びが可能だったはずだ。教育の目標のひとつに命の尊さを学ぶことがあるとするならば、一人の仲間が命をかけて訴えようとしたことの意味を問わずして、学校はいったい何を教えようとしているのだろうか。だが、保護者も学校も、子どもたちにその機会を与えることを選ばせず、記憶を消去する方を選んだのだ。

子どもたちは大人が考えている以上に豊かな感受性を持っている。「いじめ自死」事件が起こった時点で、自分たちのしたことの重大性をどこまで認識していたかはともかく、仲間の死に目を背けたことの重さを彼らは肌で感じているはずだ。そして、感受性の豊かな子どもたちほど、それを心の傷として一生抱え込むことになるのではないだろうか。

スハルト政権時代のインドネシアで、政府に従順でない人々を共産党員と称して大量虐殺をおこなった。ドキュメンタリー映画『アクト・オブ・キリング』は虐殺を行った側の人々が、饒舌に、しかも楽しそうに虐殺場面をカメラの前で再現し、世界中に衝撃を与えた。監督のジュシュア・オッペンハイマー氏は、饒舌な彼らの態度は、実は恐怖や罪悪感の裏返しだという。彼らは罪の意識や、その恐怖から逃れるため感情を封印したのだ、と。

いじめ自死にかかわった人たち、そしてそれを傍観した子どもたちが、映画に登場する加害者と同じ人生を歩まないという保証はないと思う。そして、さらに大きな問題は、子どもたちは、そうした心の傷と共に事件からひとつの大きな「学び」をおこなうことだ。それは、「仲間の命より、自分の将来の方が大切だ」という処世術である。そして、そうした「生き方」は、日本社会の様々な場面で起こっている「自死」にも、大きな影を落としていると思う。

最後に、この件に関係する興味深いデータを紹介したいと思う。一九九八年に大阪市立大学の森田洋司教授がおこなったイギリス、オランダなどとの国際比較調査の結果だ。それによると、これらの国でも学校での「いじめ」は深刻で、その数の多さや根の深さは日本に引けを取らない。ただひとつ、注目すべき点がある。「いじめ」に遭遇したときのクラスメイトたちの態度だ。中学一年ぐらいまで、つまり、自我の発達が不十分な時代、仲間の「いじめ」を見て、やめさせようとする人と傍観する人の割合はどこの国でもさして変わらない。ところが、自我が育ち、自分の頭で考えて行動するようになる中学二年以降、ヨーロッパの両国では、「いじめ」を止めようとする生徒が徐々に増えていくのに対し、日本は逆に「傍観」を選ぶ生徒が増えているのだ。欧米諸国に比べ、日本では言葉の暴力が多く目に見えやすい暴力が少ないなど、単純な国際比較はできないかもしれない。しかし、傍観する子どもが増えるという現象は、教育現場の空気や教育内容を反映しているように思える。

繰り返しになるが、「いじめ自死」を含めた「いじめ」事件の責任がすべて学校にあるというつもりはない。ただ、こうした現実を変えてゆくためには、学校と教師が勇気を持って手本を示す必要があると思う。教育に携わる人たちが「正義」を示すことで、子どもたちもその問題と真摯に向き合い、やがて、社会の不条理や不正に目をつむらない人間に成長してゆくのではないだろうか。「学校」はそれが可能な場だし、その責務を担っていると思う。そして、そうした人間の数を増やしてゆくことが、結果として、日本における「自死」を減らすことに繋がってゆくのだと思う。「いじめ自死」が映し出す教育現場の姿に、「自死多発社会・日本」を考える上での大切なヒントが隠されている気がしてならない。

第二章　職場と自死

安息日の掟

西暦二〇〇〇年、パレスチナとイスラエルにまたがって暮らす人口六〇〇人余りの少数民族、サマリア人の村を尋ね、彼らの暮らしを取材したときのことだ。

サマリア人は新約聖書に登場するイエス・キリストに「良きサマリア人」として賞賛された歴史上の民族だ。イエスが彼らを褒め称えた理由は、ユダヤ教が絶対に仕事をしてはいけない日と定めた「安息日」に、ユダヤ教の一派であるはずのサマリア人が戒律を破って人の命を助けたことからだ。それは、戒律でがんじがらめになって宗教の本質を見失ってしまっていたユダヤ教に対する、イエスによる痛烈な批判だった。それから二〇〇〇年、今を生きるサマリア人たちは厳格なユダヤ教徒として、三〇〇〇年以上前に書かれたといわれる旧約聖書に記された厳しい戒律を一字一句守って暮らす、シーラカンスのような「戒律の民」だったのである。

旧約聖書のうち、最初の五巻を「トーラー（通称・モーゼ五書）」と呼ぶが、それがサマリア人たちの聖典だ。そこには食生活から儀式のやり方まで、厳しい戒律がびっしり書き込まれているが、現代の世になってもそれらを真剣に守ろうとしているサマリア人たちの暮らしぶりは、端から見ると奇妙なことの連続だった。一例を挙げれば、彼らの家にはトイレが二つ、そして、キッチンが二つある。トイレが二つある理由は、血を不浄と考える教えに従い、生理中の女性は家族と同じトイレが使えないからだ。台所が二つある理由は、「子山羊をその母の乳で煮てはならない」という聖書の戒律に従い、肉を調理するための流しと乳製品を調理する流しを分けてあるからだ。また、生理中の女性と接触すると不浄になるため、彼女らの食べ物は彼女らの部屋の外から投げ入れるのだ。

そのほかにも数え切れないぐらい奇妙な風習があるのだが、中でも最も重要、かつ奇妙なのが「安息日の掟」だ。冒頭で述べたように、旧約聖書の戒律では、週に一度の安息日（土曜日）には、どんなことが起ころうが世俗の仕事をしてはいけないことになっている。太古の昔、仕事の象徴は火を起こすことだった。従って、現代でも火を使うことは厳禁だ。さらに、「電気」を現代における「火」と考え、安息日には電気も一切使用できない。その結果、すべての商店が閉まっているのはもちろんだが、自分たちで調理することもできなくなる。そこで、安息日用の食べ物は前日につくり置いておくのだ。このあたりまではまあ想像の範囲だ。彼らの一日は日没から始まるのだが、驚いたことに、金曜日の夕方になるとすべての電化製品のプラグを抜いてしまうのだ。テレビ、パソコンはもちろん、冷蔵庫、電話など一切合切だ。そして、彼らは金曜日の日没から土曜日の日没まで、一日中なにもせずにおしゃべりを楽しんだり、お祈りをし、神のことを思いながら穏やかに過ごすのだ。

そんな彼らの村での一ヶ月に及ぶ取材が終わり、別れの挨拶を交わしているときだった。一人のサマリア人女性が、「日本について聞きたいことがあるのだけれど」と言って、こう話を切り出した。

「日本人て、みんな朝早くから夜遅くまで、休みなく働いているんですって？」

「みんなではないけれど、確かに、そういう人が山ほどいるよ」

私はそんなふうに答えた。当時、すでにバブル経済ははじけていたものの、日本社会は今よりもずっと忙しかった。すると彼女は、さらにこう続けた。

「中には働き過ぎて死んでしまう人もいるって聞いたけれど、本当のことなの？」

当時の私は「過労死」に対する問題意識はあまり高くなかった。そのため、ちょっと考えてからこう答えた。

「確かに、そういう人もいるみたいだ」

すると、そのサマリア人女性は哀れむような目で私を見たまま、「なんてかわいそうな人たちなの」と言って涙をこぼしたのだ。

聞くところによると、私たちが訪れる少し前、イスラエルのテレビ局が日本人の「過労死」を特集した番組を放送し、彼らの何人かがそれを見ていたらしい。私たちが、かたくなに古の戒律を守ろうとするサマリア人の暮らしを奇妙に感じていたように、彼らもまた、早朝から深夜まで休みなく撮影を続ける私たちの姿を見ながら、日本人を奇妙な人たちだと感じていたようなのだ。

現在、世界のほとんどの国で取り入れられている七日をひとつの単位とする「一週間」という概念は、古代メソポタミアで生まれ、旧約聖書に受け継がれ世界中に広まった。そして、神が宇宙を創成するときにおこなったように、六日間働いたら七日目はすべての仕事を放棄し、休息を取ることを義務づけている。これが「安息日の掟」であり、数ある旧約聖書の戒律の中でも最も重要なものとされている。理由は、この日は神と対話する日であり、世俗の仕事で汚してはならないからだ。かつては、この戒律を破った者は死刑に処せられた。近代法ができて以降、宗教上の戒律を破ったからといって死刑になることはなくなった。しかし、彼らの社会では、いまも「安息日の掟」を破った者は最低の人間として見下されるのだ。

私が、この「安息日の掟」に深い叡智が刻まれていると気づいたのは、それからしばらくたってからのことだ。彼らの祖先であるヘブライ人たちはエジプトで下層の労働者として暮らしていた。そのため彼らは、過重労働がいかに人を破壊するかを身をもって知っていたのではないだろうか。それと同時に彼らは、人間は、誰かが「休憩！」という号令をかけない限り、生きてゆくため、あるいはよりよい暮らしを得るため、「もっと、もっと」と際限なく働き続けてしまう悲しい生きものだ、ということにも気づいたのかもしれない。そして、彼らの目から見ると、休みなく働き続けた結果、命まで落としてしまう日本人を無知で憐れな生きものと感じたのかもしれない。その日、サマリア人が流した涙は、私の心に棘のように突き刺さった。

「過労死」と「過労自死」

日本語の「過労死」が世界語になったのは、『オックスフォード英語辞典』のウェブ版に「karoshi」が加えられた二〇〇二年のことだとされている。働きすぎた末に命を落とすという日本社会に特徴的だった現象が、ある時期を境に世界中に拡大した結果と考えてよいと思う。たとえば経済成長著しい中国では、過労死が増加の一途をたどっていて、中国紙「中国青年報」は二〇一五年、年間六〇万人が過労が原因で亡くなっていると報じた。

ただし、日本の「過労死」と中国を含めた発展途上国の「過労死」には大きな違いがある。発展途上国の場合、過労死は貧困層に集中している。それは旧約聖書の時代と同様、体力の限界を超えても働き続けなければ生きていけない社会的貧困があったり、貧乏人を奴隷のようにこき使う労働環境があるからだと考えられる。そうした現象、つまり貧困ゆえ、働き続けた末に命を落とすということは明治時代から昭和初期の日本にもあったし、おそらく多くの国が発展の過程で経験してきたことだと思う。

ところが現在、日本で「過労死」する人は貧困層に限らない。というより、むしろ比較的生活が安定しているはずのホワイトカラー層に多発しているのだ。それは、発展途上国はもちろん、他の先進国でもあまり見られない現象なのだ。日本で起こっている「過労死」の多くは、「貧しさ」という理由からではなく、日本の職場の構造的な問題や日本人の資質と深く関係している。それを象徴する出来事に、近年、急増している「過労自死」がある。

「過労死」を言葉で定義すると、「肉体の限界を超えて働き続けたことで、心臓や脳などに変調を来し、その結果、命を落とす現象」となる。それに対して、「過労自死」は、「肉体の限界を超えて働き続けたことや仕事上のストレスなどが原因で心の病に陥り、それが原因で命を落とすこと」である。つまり、「心身」の疲労のうち、「身」の方に主原因があるのが「過労死」で、「心」に主原因があるのが「過労自死」と考えていいと思う。「過労自死」が増えているとすれば、心が壊れた結果、命を落とす人が増えているということになる。

ところで、「過労自死」事件が報じられるたびに、インターネット掲示板にこんな書き込みが現れる。

「月に一〇〇時間程度の残業で、自殺なんかするなよ」

事情のわからない人間が無責任な発言をしている、と切り捨てることは簡単だ。だが、この発言に共鳴する人は少なくないような気がする。私自身、長年、メディアの世界で仕事をしてきて、一ヶ月一〇〇時間を超える残業はさして珍しくなかった。ときに一ヶ月に二〇〇時間を超える残業をこなしたこともあった。だが、それによって身体が壊れてしまう心配をしたことはあったが、自ら命を絶とうと考えたことなど一度もなかった。つまり、長時間労働が単純に「自死」とは結びつかないことは、多くの人が体感しているに違いない。実は、「過労自死」事件には必ずといってよいほど、仕事上の強いストレスや厳しいノルマ、あるいはパワハラやセクハラといった長時間労働とは別の問題が存在している。それらが長時間労働による極度の疲労と相まって「自死」に至ったケースが圧倒的に多い、と考えるのが正しい見方だと思う。

それでは「過労自死」において、なぜ長時間労働のみが強調されることが多いのか。理由は、「自死」に至るまでのストレスの存在を立証するのがとても難しいからだ。本人や遺族が仕事の上でどんなに強いストレスを感じていたと主張しても、ストレスを感じるポイントや強さには著しい個人差がある。そのため企業側は、「他の人も同じことをしていたが何も問題はなかった」と言い逃れができてしまうのだ。こうしたことを避けるため、二〇一一年にできた「過労自死」に関するガイドラインには、ノルマ達成の有無やハラスメントがあったかなど、ストレスになると思われる状況や強さに応じて、「高、中、低」と分類し、それを点数化して認定の際に加味されることになった。

しかし、そもそも個人差の大きい精神的苦痛を数値化すること自体が難しく、判定結果が実態を反映していないことも多いのだ。それは放射能に対する耐性に著しい個人差があるのと同様かもしれない。ほんの少しの被曝でも命を落とす人がいる一方、大量の放射能を浴びても生きている人がいる。そのため、放射能のせいで命を落としたとしても、それを立証するには高いハードルがある。そんなわけで、職場環境のせいで「自死」したと思われる人が労働災害の認定を勝ち取るには、すでに明確な基準が定められている労働時間数を盾に戦った方が確実性が高いのだ。「過労自死」の労災認定の際に労働時間数が強調されることが多いのはそのためなのだ。

ところで、長時間労働と「自死」の因果関係が認められるようになるまでには長い道のりがあった。一九九六年、「過労自死」として労災認定されたのはたった一人だけだった。当時はまだ、「過労自死」の認定基準が存在しなかったからだ。一九九九年、「過労」によって「自死する」という現実がようやく社会的に認知され、申請件数は一〇〇〇件を超えた。だが、「自死」と「過労」の因果関係の立証は容易でなく、労災認定を受けられたのはそのうちわずか一一名に過ぎなかった。

それから一二年後の二〇一一年、被害者や支援者の血のにじむような努力によって、月に一〇〇時間を超える残業長時間労働は身体だけでなく、心をも蝕み、それが原因で命を落とすことが理解され、「過労死」と同様、長時間労働があったことが証明されれば、「過労自死」が認定されるようになったのだ。その結果、その翌年には申請者の四割にあたる九三人が「過労自死」と認定されている。

これは素晴らしい前進だったと思う。しかし、九三人という数字も、多発する「過労自死」の実態をまったく反映していないと思われる。警視庁が発表する自死原因の統計をみると、勤務上の問題が主原因で自死したとされる人の数はなんと二四七二人（二〇一一年）もいる。そのすべてが過労による「自死」であるというつもりはない。だが、九三人と二四七二人という二つの数字の隔たりは、「過労自死」という事件が持つ複雑な現実を物語っているように思える。

真面目な人ほど損をする

労働災害で命を落とした場合、遺族がそれを証明するには大きなハードルがある。ほとんどの遺族は、職場での故人の様子を知らないからだ。過労自死認定に八年の歳月を要した遺族の戦いをみてゆきたい。

一九九九年、小児科医だった中原利郎氏（44）は勤務先の病院のビルの屋上から飛び降り、自ら命を絶った。中原医師は亡くなる数ヶ月前、月に二日の休みを取っただけで、八回もの当直（徹夜勤務）をこなしていた。しかも、そのうちの三回は当直明けにも勤務を続ける三三時間勤務という異常な長時間労働だった。こうした勤務状況を聞いただけで、中原医師の自死が過労と無関係でないことは容易に想像がつく。ところが、当時、新宿労働基準監督署は中原医師の自死を過労が原因でないと断定した。

中原医師は家族と共に暮らしていたので、遺族は出勤時刻や帰宅時刻をわかっていた。しかし、仕事場での様子については当然のことながら、ほとんど知らない。病院側は中原医師の当直勤務について、「当直の際、患者がいなければ、医師は仮眠もできるので、診療時以外は労働時間に当たらない」と主張したのだ。当直時の残業時間が、患者を診ているときだけしかカウントされないとすれば、中原医師の残業時間は労災認定の基準となる一ヶ月一〇〇時間に満たないことになる。労働基準監督署は病院側のこの主張を認め、中原医師の労災認定をあっさり却下したのだ。

中原医師の死が「過労死」ではなく、「自死」だったことも労災認定の大きな妨げになった。当時、「過労自死」が認められるためには、労働時間数だけで判定される「過労死」より、高いハードルが存在したからだ。そのひとつが、過労の結果、心の病に陥っていたことの証明である。実際、死の数ヶ月前から、温厚だった中原医師はとても怒りっぽくなり、亡くなる直前には、大好きだったサッカーにもまったく興味を示さなくなっていた。それらは明らかにうつ病の症状だが、激務だった中原医師は、精神科を受診する暇がなかった。そのため、証拠として提出できる精神科医の診断書のようなものが、一切存在しなかったのだ。

中原医師の『少子化と経営効率のはざまで』と題された遺書には、「医師を続けてゆく、気力も体力もなくなりました」と記されている。だが、この心の叫びも、本人の資質の問題として片づけられてしまったのだ。こうした経緯から、中原医師の「自死」が過労によるものであったことを認定してもらうための行政訴訟は、当直勤務がどこまで勤務に当たるのかという争点に集約されていった。もし、当直勤務すべてを残業として認めてもらえれば、「過労自死」認定の基準になっている一ヶ月一〇〇時間をクリアすることになるからだ。

そもそも、仕事に生き甲斐を感じ、「小児科医が天職だ」と言ってはばからなかった中原医師が、なぜ自ら死を選ぶところまで追い込まれてしまったのだろうか。中原医師自身が残した遺書と、一〇年を超える遺族の戦いの記録から、職場問題で起こる「自死」の真相に迫っていきたい。

中原医師が勤務する都内の病院は地域の基幹病院として、患者の数は年々増加傾向にあった。それにもかかわらず、中原医師が自死する前年の一九九八年、病院側は経営を健全化するために効率化計画を実行に移したのだ。その背景には、財政難に苦しむ国が推し進める、医療費を圧縮するための様々な施策があったと思われる。

小児科に関していえば、それまで六人いた小児科医を四人に減らしたのだ。ただでさえ患者で溢れている医療現場で医師の人員を減らせば、医師一人一人にかかる負担は飛躍的に増える。その上、中原医師は退職した小児科部長に代わって、部長代理として、事実上、管理職の仕事も任されることになった。仕事量が一・五倍に増えた上、管理職としての職務や責任までが加わったことになる。

また、中原医師の職場は、心療内科を中心とした特殊な小児科だった。中原医師以外の三人の小児科医はすべて心療内科が専門だった。そのため、内科的な病気で受診してくる患者は中原医師に集中したことも、数字に表れない疲労として蓄積されていた。

この病院のもうひとつの特色は、中原医師を除いた小児科医がすべて女性だったことだ。女性の医師を差別するつもりはないが、中原医師の同僚の女性医師の中には帰宅後、家事や育児をやらなければならない人もいた。地域の基幹病院には夜間の救急対応があるため、当直は必要不可欠である。中原医師は家事や育児を抱える部下の女性医師たちを気遣い、彼女たちの分まで当直をこなしたこともしばしばあったという。それが一ヶ月に八回の当直をこなし、三三時間連続勤務を二回も行うという長時間労働になったのだ。

だが、病院側も労働基準監督署もそれを逆手にとり、中川医師の長時間労働は病院の指示でおこなわれたのではなく、中原医師が自分の判断で勝手におこなった行為、つまり「サービス残業」だったと主張したのだ。

妻ののり子さんは、夫の無念を晴らすため、ひとつの決意をした。通常、社会的地位のある人が自死した場合、自死の事実をできるだけ隠そうとするものだ。しかし、のり子さんはあえて実名を公表し、街頭に立って医療現場の過酷さを訴えるビラを配ったのだ。案の定、医師は一〇〇〇万以上の高給を取っているのだから激務は当然だ、という心ない言葉も浴びせられた。

しかし、のり子さんはあきらめなかった。政府の統計は医療従事者をひとまとめにしたものしかないため、一年間にどのくらいの数の医師が、過労で命を落としているのか、正確にはわからない。ただ、医療従事者全体の「過労死」率が、日本人の平均より三割も高いことから類推すると、医師の「過労死」する割合はさらに高いことが想像される。医師が「過労死」、「過労自死」する背景は、日夜、人の命を預かるという重い責任を伴う仕事からくるストレスがあるのは間違いない。だが、さらに大きな要因として、慢性的な医師不足など、日本の医療制度の根幹に関わる問題が横たわっているのではないか。中原医師の残した『少子化と経営効率のはざまで』と題された遺書には、病院が利益を確保するために激務を背負わされた現場医師の苦悩と葛藤が切々と綴られていた。夫の遺書と、労災認定を巡る戦いの中で、のり子さんは、こうした医療現場の過重労働がたまたま中原医師だけに起こったのではなく、日本の小児科医療全体、さらには日本の医療現場全体が抱えている問題だと確信した。

のり子さんたちの活動によって、医師不足の問題が表面化したとき、日本政府は、医師不足と映る現象は、医師の絶対数が不足しているからではなく、新医療臨床研修制度によって生じた地域格差の問題だと説明した。それまで医局の采配で医療過疎地域にも研修医を派遣できたが、二〇〇四年の臨床研修制度の変更に伴い、研修医が勤務場所を希望できるシステムになった。その結果、へき地に行く医師が減ったのが、地方の医師不足の大きな要因だと説明していた。だが、中原医師は、医師が足りているはずの都内の病院に勤務していて、過労が原因で命を落としたのだ。

父親に憧れ、「過酷な現場だから医師にならない方がよい」という父の反対を押し切って小児科医になった長女も、街頭に立って、医師の労働環境の改善を訴えた。のり子さんたちの必死の活動は、過重労働に苦しむ医療現場のスタッフはじめ、多くの人の共感を呼び、支援の輪は少しずつ広がっていった。のり子さんは、このとき改めて、夫が命を賭して訴えようとしたことが正しかったことが実感できたという。結局、多くの医療関係者や識者の声に押され、労働監督基準署は、当直医は診療していない時間帯も勤務時間内であったと認めざるをえなかった。中原医師の自死が労働災害であると認められたのだ。戦いが始まってから、実に八年の歳月が経過していた。

「過労自死」の真相

職場の問題で「自死」した場合、三種類の戦いがある。まず、中原医師のケースのように労働災害として認定されなかった場合、行政訴訟という形で労働災害を再度、認定するように求める訴訟である。もうひとつは、雇用者側の管理責任を追及するための民事訴訟という手段だ。そして最後は、パワハラなど悪質な行為によって命を落とした場合、刑事訴訟に踏み切る方法もある。

中原医師の遺族は、病院側の管理者責任を問う民事訴訟も同時に起こしていた。病院に対する訴訟は、損害賠償請求という形を取った。だが、もちろん目的はお金ではなかった。日本の医師不足の現状、さらには診療科ごとの報酬の格差など、医療システムの問題を国に認めさせ、二度と同じ悲劇が繰り返されないようにすることだった。

しかし、この戦いは容易ではなかった。労災認定後の二〇〇七年に出された一審の東京地裁判決は、「病院の過失が認められないばかりか、過重労働の存在さえ認められない」という全面敗訴に終わった。そして、翌年出された二審の東京高等裁判所の判決も、中原医師の自死と過労の因果関係は認めたものの、「何らかの精神障害を起こす恐れを具体的、客観的に予見することはできなかった」と病院の管理責任までは問えないとし、一審同様、敗訴が確定し、上告が棄却された。

すでに戦いが始まって一〇年が経過しようとしていた。個人の戦いであれば、労働災害と認定された時点で当初の目的は達せられたことになる。しかし、この戦いを通じて、中原医師が味わった苦しみを日本の多くの心ある医師が共有していることを実感した遺族は、病院側の管理責任を追及しなければ、医師がボロ雑巾のように使い捨てられる事態は何も変わらないと考えていた。裁判で戦うべき材料は出尽くしていた。しかし、棄却されるのを覚悟の上で、最高裁判所への上告を申請したのだ。そして、二〇一〇年、奇跡が起こった。

勝訴とはならなかったものの、最高裁判所は遺族の訴えを退けず、和解勧告を提示したのだ。「過労自死」の裁判で、原告が控訴し、最高裁判所が下級裁判所の判断を覆した初めての判例だった。中原さん遺族と支援する人々が声を上げたことで、医療現場の崩壊に危機感を感じた司法がギリギリのところで見識を示したのだ。

病院から支払われる和解金はたったの七〇〇万円ほどだった。しかし、この最高裁の判断は医師の労働環境問題に一石を投じる結果になった。この戦いを通じて、国がひた隠しにしてきた医師不足の実態、医療現場の様子が浮き彫りになった。その後、政府は医師不足を解消するため、全国の医学部の定員枠を広げることになる。

ここまでが、中原医師の「過労自死」を巡る遺族の戦いの一部始終である。だが、妻ののり子さんは、長時間労働はひとつの要因に過ぎず、中原医師を死の淵に追いこんだ真犯人は別のところにあると考えていた。中原医師を追い詰めたもの、それは遺書に記されていた、経営効率化を強引に押し進めようとする病院側との確執だった。

中原医師は部長会議の席で、毎回のように小児科の収益性が低いことを責められていた。そして、収益を伸ばすよう叱咤されていたという。だが、小児科はそもそも収益率が悪い診療科なのである。そのため、最近では小児科を置かない総合病院も増えている。

一番の理由は、子どもは大人のように症状を手短に、しかも正確に訴えられないことだ。そのため、小児科医の重要な能力のひとつは、子どもから病状を正しく聞き出すコミュニケーション能力であるといわれる。当然のことながら、子どもの心を開かせるためには色々な話をし、その合間に質問をぶつけるなどしなければならない。大人を診察するようにテキパキとは進まないのが普通だ。また、注射や検査をいやがる子どももいる。そんなこんなで、子どもの診療時間は大人の二倍、三倍かかることも珍しくない。それにもかかわらず、現行の報酬システムでは、子どもであろうと大人であろうと、一人あたりの診療報酬は同額なのである。

こうした中で、小児科が一般内科と同じだけの収益をあげるためには、子どもをぞんざいに扱ったり、ときには誤診覚悟で手抜き治療も行わなければならなくなる。子どもが大好きで、小児科医という仕事に誇りを持っていた中原医師にとって、それは耐えられない苦痛だった。つまり、病院側は中原医師に、「医師としてもポリシーを曲げて、手抜き治療をしろ」という無理難題を押しつけていたことになる。しかし、中原医師は相手の立場を慮る性格であったため、病院側の経営の苦しさも理解しようとしていた。そのため、収益を上げたいという要求を強引に突っぱねることもできなかった。その結果、自分のポリシーに反して効率を優先する治療を行うこともあったようだ。

また、スタッフの数を減らされたことで、激務が恒常化し、医師だけでなく看護師を含めた他の医療スタッフにも疲労の色がはっきり表れていた。中原医師は小児科の長として、医療事故が起こることをいつも心配していたという。そうした精神的なストレスも中原医師を追いつめた要因のひとつと考えられる。ところが病院側は、中原医師のこうした思いや苦しみにはまったく理解を示そうとせず、診療の効率化を求め続けていたのだ。責任感が強く、仕事を深く愛していた中原医師は経営効率と誠実な医療という、相反する命題の前に苦しみもがき続けた。こうした精神的なストレスが、極限に近い長時間労働による心身疲労と重なって、中原医師を死の淵に追い込んでいったのだ。のり子さんはそう考えている。

一一年に及ぶ裁判を通して多くの貴重な出会いがあった。だが同時に、辛い思いもたくさんあった。遺族は当初、過労の実態を証明するため、同僚の医師たちに協力を求めた。病院側からの情報提供が期待できないことは想定できたからだ。幸い中原医師は、ワールドカップを観戦に行くほどのサッカーファンで、病院内にサッカーチームを持っていた。それはチームワークを大切にする中原医師の人柄も反映されていた。チームには中原氏の人柄を慕い、多くの医療スタッフが集ってきた。中には、結婚するときはぜひ中原夫妻に仲人を頼みたいという後輩もいた。

ところが、中原医師の遺族が病院を敵に回して戦うつもりであることを知った途端、後輩たちは一人、また一人と離れていき、最後には全員いなくなってしまった。中には裁判で病院側について、「この程度の仕事はみんな普通にこなしていた」と証言する者までいたという。それがドライな関係で結ばれていた職場の現実だった。また、家事や育児を気遣い、中原医師が当直を代わっていた同僚たちも誰一人、中原医師を擁護してくれなかった。

「別に恨んではいません。みんな生活があるのだから仕方がないことです」

妻ののり子さんは寂しそうに言った。

唯一味方になってくれたのは、出産後の労働条件をめぐって病院と対立し、退職を余儀なくされた女性医師だった。しかし、彼女は病院が効率化計画を実施し、中原さんの激務が本格化する前に退職していたため、中原氏が自死する間際の激務の様子を証言することはできなかった。

のり子さんは現在、「過労死」、「過労自死」で愛する家族を失った人たちの支援活動をする一方、労働者を酷使する諸法案の反対運動を続けている。それが医療現場の未来を憂えていた夫、利郎さんの思いを実現することだと確信しているからだ。

若者を潰すブラック企業

増加の一途をたどっている「過労自死」、その特徴のひとつは若年層に多発していることだ。

流行語大賞にもなった「ブラック企業」という言葉の力もあって、若者を酷使する企業の実態は少しずつ明らかになってきている。「ブラック企業」の定義は、長時間労働、サービス残業という名の賃金の不払い、それにパワーハラスメントやセクシャルハラスメント、これら三つのうちのどれかひとつ、あるいは、いくつかが多発している企業ということになる。かつては、そうした企業は裏社会と結びついていたり、明らかに怪しげな空気を漂わせていたので、比較的容易に見抜けた。ところがここ二〇年あまり、私たちが名前を知っている有名企業でも、同様のことがおこなわれていることが明らかになってきた。

居酒屋チェーンの「ワタミ」や家電量販店「ヤマダ電機」など、自死者を出した有名企業が次々にやり玉に挙げられ、売り上げを落とすなどの社会的制裁を受けている。また、常軌を逸した環境で働かされる若者たちの労働実態も次第に明らかされている。だが、こうしたメディアのスポットライトを浴びた企業は氷山の一角に過ぎない。若者を酷使し、命を奪う危険性のある企業は全国に数多くあり、地雷のように息を潜めたまま、いまも営業を続けている。過労が原因で自死する人の数が実際にどのくらいいるのか、正確に見極めるのは容易でない。だが、命を落とさないまでも深刻な心の病に陥り、その後の人生を棒に振ってしまった人は、その何倍もいる。

大手コンビニチェーン系列の一〇〇円ショップで店長をしていた清水文美さん(36)。二〇〇七年、激務からうつ病になり、一〇年たったいまもまだ、完全に社会復帰ができないでいる。

「自分が自死せずに済んだのは、単なる幸運だったと思います。たまたま受診した精神科の医師が、仕事を休むように強く示唆してくれたおかげで、一命を取り留めました。もし、あのまま仕事を続けていたら、今ごろはこの世にいなかったのではないかと思います」

清水さんは高校卒業後、およそ八年間、コンビニやガソリンスタンド、カラオケ店などでアルバイトをしていた。いわゆるフリーターだった。高校を卒業する時点で、大学、専門学校、就職、様々な選択肢を思い悩んだ。だが、人生を賭けるに値すると思える仕事が見つからず、しばらくはアルバイトをしながら自分探しをしようと考えたからだった。当時、フリーターは若者たちのトレンドだったこともあり、家族も抵抗なく受け入れてくれた。アルバイトでの収入は週に五日働いて月に一二万円から一七万円ほど。収入は少なかったが、実家で暮らしていたこともあって、暮らしに不自由しない金額だった。

温厚で気配りのできる人柄の清水さんは、どの職場でもすぐに仲間ができた。また、努力家で性格もいたって真面目だったため、上司からも信頼された。そんなわけで職場での居心地は悪くなかったが、どんなに真面目に働いて技術を身につけても地位が上がらないばかりか、給料も昨日今日アルバイトを始めた人とほとんど変わらない非正規雇用という立場に次第に不満を感じるようになる。「おまえたちは時間で雇われているのだから、一分一秒も手を抜くなよ」と上司から叱咤され、長時間労働の際でも休み時間もなく働かされることにも不条理感を覚えるようになった。

そんなこんなで、どの職場でも仕事をひととおり覚えてしまうと、目標を見失い空しさを感じた。もう少し生き甲斐を感じられる職場があるのではないかと転職してみたが、職場や職種が変わっても、アルバイトは所詮アルバイトだった。同じ内容の仕事をしている正社員が、頑張ればそれなりの評価を与えられ、出世してゆく姿を羨ましいと感じた。清水さんは転職を何度か繰り返すうち、どうせ同じ仕事をするなら、努力が報われる正社員になった方がいいと思うようになったのだ。

清水さんはハローワークに行って正社員の職を探した。だが、すでに二六歳になっていた清水さんを正社員として迎え入れてくれる会社はそう多くなかった。やっと見つけたのが、大手コンビニチェーンが展開する一〇〇円ショップだった。コンビニの仕事はアルバイト時代に経験していたこともあり、二度の面接を経て、二〇〇六年八月、晴れて正社員として採用された。初めての正社員、清水さんは希望に燃えていた。当時、ブラック企業という言葉もなく、社員として一生懸命働けば、正当に評価されると素朴に信じていた。

最初に配属された直営店では、店長が仕入れから販売、在庫管理など、仕事のノウハウを丁寧に教えてくれた。その店長は社のポスターになるなど、優秀で将来を嘱望されていた人物だった。だが、清水さんへの指導が終わると同時に突然、退職してしまった。後で知ったことだが、過労が原因ですでに身体をこわしていたのだ。頼りになる先輩を失い、落ちこんでいる清水さんにベテランのパートタイムの女性がポツリと囁いた。

「この会社は良い人から先にやめてゆくのよ」

だが、希望に燃えている清水さんは、そのときはまだ、その言葉の意味を深く考えようとはしなかった。

入社から四ヶ月後、仕事をひととおり覚えた清水さんは新たな店舗に配属された。驚いたことに、その店舗には清水さん以外の社員はひとりもおらず、残りはすべてアルバイトだった。仕事を覚えたての清水さんが事実上の店長として、金銭管理、人事管理、商品管理、すべてを担わされることになったのだ。アルバイト時代の経験もあり、自分の責任分野の仕事はきちんとこなせる自信はあった。だが、店の責任者である以上、自分が店を休んでいる日も店がつつがなく稼働するよう、アルバイトを指導しなければならない。人を使った経験のない清水さんにとってそれはハードルが高かった。結局、一日でも多く、また一時間でも長く店にいることで人や金の動きを把握するしかなかった。結果、清水さんの労働時間数は月に三〇〇時間を越えた。

だが、清水さんの仕事は出勤時だけではなかった。休みの日でも、問題が起これば昼夜問わず電話が鳴り、たたき起こされた。また、アルバイトが急に休めば、休日を返上してシフトに入らなければならなかった。気持ちが休まるときが一日たりとなかったのだ。ただ、入社したての清水さんはやる気に満ちていたため、こうした激務も前向きにとらえていた。店を切り盛りするようになって二ヶ月、ようやく仕事に慣れはじめたと思った矢先、またしても転勤命令がくだった。店長になるための修業と称して、別の店舗での深夜勤務を命じられたのだ。そして、その店で深夜業務を一ヶ月ほどこなすと、再び別の店舗への異動を命じられたのだ。

後で知ったことだが、その企業は離職率が恐ろしく高かったため、常に人材不足に陥っていた。それを補うため、少しでも仕事のできる社員は店をたらい回しにされていたのだ。店を変わるということは職場環境ばかりでなく、客層まで変わる。その度に、一から学び直さなければならない。新入社員でありながら過重な責任を負わされるだけでも大変なのに、たらい回しのように職場を転々とさせられたら体力も気力も限界を超えることは容易に想像がつく。希望に燃え、働く意欲も旺盛だった清水さんが、仕事を重荷に感じるようになったのはこの頃からだった。

「名ばかり店長」という装置

二〇〇七年六月、清水さんに店長の辞令が下った。入社からわずか九ヶ月目のことだった。本来なら喜ばしいはずのスピード出世だったが、清水さんの気持ちは盛り上がらなかった。それどころか、仕事に立ち向かおうとしても力が湧いてこないのだ。眠れない日が続き、食事が喉を通らないといったことも常態化するようになっていた。そんなことは、アルバイト時代も通じて初めての経験だった。店長就任の翌月、会社の定期検診があった。清水さんはうつ病の疑いがあると指摘され、精神科の受診を勧められた。自分でも心や体に異変を感じるようになっていた清水さんは受診を強く望んだ。だが、店長になりたてで仕事を休む余裕などなかった。

運が悪いことにちょうどその時期は、学生が夏休みに入るためアルバイトが定着しづらかった。入れ替わり立ち替わりやってくる新しいアルバイトに、仕事のイロハを教えるのも店長である清水さんの仕事だった。しかも、そうした業務は基本的に勤務時間外におこなうのが社の決まりだったので、清水さんは休日を返上してアルバイトの指導に当たった。アルバイトの調達ができなくなれば、たとえ休みの日であっても自分がシフトに入らなければならなかった。清水さんは上司に当たるエリアマネージャーらにSOSを出したが、彼らも激務がたたり病気になっていたりしていて力になってくれなかった。孤立無援の中、清水さんはうつ病を抱えながら休みなく働き続けた。

九月になり、ようやく時間に余裕ができた清水さんは精神科を受診した。すると、すでに深刻なうつ病であると診断され、医師に強く休職を勧められた。だが、責任感が強い清水さんには店長の仕事を放り出して休むことができなかった。うつ病で、すでに正常な判断力が働かなくなっていたこともあったかもしれない。一〇月になって三回目に精神科を受診した折、一向に仕事を休もうとしない清水さんを医師は激しく叱りつけた。

「あんた死ぬ気か。病院を出たらすぐに上司に電話をして仕事を休むように伝えなさい。そうしないと、取り返しのつかないことになるよ」

医師のその一言でようやく目が覚めた清水さんは上司に連絡した。上司も事態の深刻さを理解したのか、休職を了解してくれた。それでも後任が決まるまでの三日間、清水さんは職場に出続けた。

仕事から解放された清水さんは、ほとんど廃人のように家で寝て過ごした。休職に追い込まれた清水さんを待っていたのは絶望感との戦いだった。自分が弱かったのだろうか。どこがいけなかったのだろうか。清水さんは自問自答し続けた。

「地獄だったのは少し回復期に入ってからでした。このままではいけない、という思いにかられ、外出を心がけ、社会復帰できるように自分なりに努力しようとしました。でも、人生に前向きな気持ちになれず、以前のようなやる気がまったく湧いてこないのです。自分は壊れてしまい、もう昔の自分に戻れないかもしれない。そう思うと情けなく、生きているのが本当にいやになりました」

清水さんは積極的な自死行動こそ取らなかったものの、死ねたら楽になれるかもしれないという思いから、深夜にわざと車道を歩いていたりしたこともあったという。「過労自死」

した人たちの話を聞く限り、過重労働に加え、パワハラがあったり、達成困難なノルマを課せられていたケースが多い。清水さんの場合、労働環境に問題があったものの、パワハラを含めた深刻な人間関係のストレスなどがなかったことがこの世に踏みとどまれた一因かもしれない。

真面目に働こうと思って頑張ってきた自分が、なぜこんな事になってしまったんだろう。そう考えていた清水さんは、やがてひとつの事実に行き当たった。優良企業と呼ばれる会社の場合、正社員の離職率は数パーセント以下である。ブラック企業と呼ばれる会社の離職率でさえ三〇パーセント程度のところが多い。ところが、清水さんが勤めていたコンビニチェーンの離職率はなんと九五パーセントもあったのだ。「この会社は良い人から辞めてゆく」というパートの女性の言葉と自分の病気の意味が繋がったのだ。一ヶ月に三〇〇時間働かされていた店長時代の清水さんの給料は、手取りでわずか二一万円だった。清水さんは二〇〇八年、店長時代の残業代の支払いを求めて提訴した。いわゆる「名ばかり店長」裁判である。裁判に勝訴したとしても、受け取れる金額は三ヶ月の残業代だけだ。しかし、清水さんはこう話す。

「離職率が九五パーセントもあると知ったとき、真面目に働いている従業員のためにも、また、これから夢を持って入社してくる後輩たちのためにも、人をボロボロになるまで使い捨てるシステムを変えさせなければと思いました」

会社側は、清水さんが店長になるに当たり正式な手続きを踏んだとして、「名ばかり店長」であったことを認めようとしなかった。わずかな残業代の不払いを争う裁判は実に三年に及んだ。

離職から一〇年、清水さんは現在は社会復帰の一環として、週に三日、仕事に通っている。だが未だに、以前のような情熱を持って仕事に向かえないばかりか、少しでもストレスがかかりそうな場面になると過去のトラウマが蘇り、恐怖心で体が動かなくなる。その度に、昔の自分に戻れない寂しさを感じるという。

「裁判闘争を通じて、私のような若者がたくさんいることを知りました。過労自死も大問題ですが、ブラック企業を放置することは、やる気のあった若者の心を壊すことで、日本社会に大きな損失を与え続けていると思います。人を使い潰すことでしか成り立たない会社をなくしてゆくような制度づくりが、一刻も早くおこなわれることを強く望んでいます」

一〇〇円コンビニ、二八〇円の牛丼店、激安の居酒屋。景気回復に明るい未来が見えない中、消費者が安い物に飛びつくのはある程度仕方ないかもしれない。だが、行きすぎた価格競争は、最終的には人件費を削ることでしか達成できない。私たちは、そのために低賃金で過酷な労働を強いられている多くの労働者がいることを忘れてはならない、と感じている。

「過労自死」を生む土壌

増加する「過労死」や「過労自死」。その背後には、企業の人権意識の低さに加えて、政府を含めた日本社会全体が、労働者の健康や命を守ることよりも経済発展に軸足を置いていることがあると思う。この問題に踏み込む前に、日本の職場で多発している「自死」を、少し違う角度から見つめてみたい。「過労死」、「過労自死」事件が報じられる度に、必ずといっていいほどネット上に現れるこんな言葉がある。

「そんなに辛い仕事だったら、さっさとやめてしまえばよかったのに」

この心ない言葉を、「それができるくらいなら、こんな問題は起こらない」と切り捨てることは可能だ。しかし、「過労死」、「過労自死」の問題と向き合うとき、「なぜ、辛い職場から逃げ出すことができなかったのか」と問いかけてみることは、まったく無意味なこととはいえない。多くの「過労死」や「過労自死」の現場から見えてくるもの。そのひとつに、「過労死」や「過労自死」する人には、「真面目」で、「責任感が強い」、「気働きができる優しい人」が多いということだ。これはおそらく、「過労自死」に限らず、「自死」する人の多くに共通する特徴であるかもしれない。そもそも、「真面目」、「責任感が強い」、「思いやりがある」という要素は、企業のみならず、日本社会が求める理想的な人間像のひとつでもあると思う。そして、「過労自死」が、そうしたタイプの人に多発している。これは重要なポイントだ。

なぜ彼らは、自分一人では抱えきれないほどの仕事を背負わされ、それでも頑張ってしまったのだろうか？

多くの人にとって仕事は生活の中心にあり、家族があり、住宅ローンなどを抱えていたとしたら、簡単に仕事を辞めるわけにはいかないのはいうまでもない。だが、生活苦にあえぐ底辺の労働者ならいざ知らず、決してそうでなかった人たちが、過酷な職場で命果てるまで頑張り続けたのは経済的な理由だけではなかったはずだ。それは、日本人の生き方や考え方と深く関わっている気がする。私たちは、家庭でも学校でも、精一杯頑張ることを美徳であると教えられ、育ってきた。だから、困難を乗り越えて志を貫いた人に対し、賞賛の拍手を惜しまない。スポーツに感動するのも、苦しい練習を乗り越えて高い技術を身につけたことに対する敬意があるからだ。

もちろん、そうしたことは日本人に限らず、人類共通の資質としてあるのかもしれない。ただ、日本人が大好きなスポーツのひとつにマラソンがあるように、日本人には極限まで力を出し切り、気力を振り絞って頑張る姿に強く心を揺さぶられる人が多い。仕事の場においても、その精神は遺憾なく発揮される。それが、新幹線という高速鉄道を三分に一本走らせるという驚異の技術に繋がり、日本を世界有数の経済大国にした原動力のひとつであることは間違いない。裏を返せば、日本人には全力を出し切らず、中途半端なところでやめることを恥ずかしいと考えてしまう人がとても多い。

日本では、「頑張れよ」という言葉が挨拶代わりに使われている。それに対し、言われた方は、「はい、頑張ります」と当たり前のように答える。日本人にとって「頑張る」という行為は絶対的な価値を持ち、かつ、空気のように存在している。もし、仕事が辛いからといってやめてしまったとしたら、周りの人は「根性がない」と見下すだろうし、本人も「現実から逃げた」という負い目を感じることになる。そのため、体力の限界を超えて頑張ってしまう。

かつて、知り合いのドイツ人からこんなことを言われたことがある。

「日本人は何かを始めるとき、『How』つまり、『どのようにしたらうまくいくのか』という議論が始まる。アメリカ人は『How much』、『お金がいくらかかるか』というところから議論を始める。一方、ヨーロッパ人は『Why』、『そのプロジェクトをやる意味は？』と問うところから始めるんだ」

つまり、アメリカ人もヨーロッパ人も、条件が合わない場合はやらないという選択肢を残している。だが、日本人は与えられた仕事をやらないという選択肢は念頭に置いていないという。この指摘は示唆的だ。私たちが仕事を与えられて、「頑張るぞ」と思う前に、「その仕事をやる意味は？」、あるいは「そもそも、仕事とは何か？」と問う視点があれば、「過労死」や「過労自死」はいまよりもずっと減らせるかもしれない。仕事とは、社会や自分の幸福のためにおこなうものであり、本人に強い動機がない限り、命をすり減らしてまでやるべきものではない。こうした考え方を社会が共有し、学校や家庭でしっかりと教えてゆく必要があるのではないだろうか。

ヨーロッパの多くの国では、一週間の労働時間の上限が四八時間と定められていて、いかなる理由があっても、それ以上働かせてはならないという法律がある。また、仕事の終了から、翌日の仕事開始まで最低一一時間の休息を与えなければならないことも法律で決まっている。そうした制度が堅持されている背景には、社会が共有している確固たる思想があるからだ。それは、冒頭で紹介した旧約聖書の「安息日の掟」と無関係でないと思う。「安息日の掟」は、単に「休日には仕事をするな」という意味ではない。人間には金儲けや日々の生活の糧を稼ぐこと以上に大切な仕事がある。それは神が考える理想の社会を実現するために人々が思索を巡らすことである。現世の垢にまみれ、思考停止に陥るまで働き詰めの暮らしをしていたら、人として一番大切な仕事、「世の中をよくするために思索を巡らす」という仕事ができなくなってしまう。それは人として重大な過ちを犯したことになる。「安息日の掟」はそうした理念のもとに生まれた。そして、旧約聖書を聖典とするユダヤ教、キリスト教、イスラム教の世界は、いまもその理念を受け継いでいる。日本社会は「何にも縛られない自由な時間を持つことこそが人間の責務だ」という古の人々の英知を、もう一度噛みしめる必要があるのかもしれない。

ただし、思想やライフスタイルの変更は一朝一夕にはいかない。そこで私たちがまず最初に取り組まなければならない課題は、日本人の「真面目で」、「責任感が強く」、「周囲に気配りをする」という資質を理解した上で、そうした人たちが「過労死」や「過労自死」にまで追い詰められない労働環境をつくることだ。ところが、日本社会はいま、まったく反対の方向に向かって動き出そうとしている。

時代に逆行する法案について

かつて、チャールズ・チャップリンが映画『モダン・タイムズ』の中で、工場労働者の世界を通して、人間の部品化、道具化の現実をおもしろおかしく描いてみせた。しかし、いまやこうした現実がほとんどの業種に広がりつつある。それを象徴するように、二〇一五年三月、労働者派遣法の改正議論において派遣労働者が消しゴムや鉛筆と同様、物品費として計上されていたことが明らかになった。そして、同年九月に「改正労働者派遣法」が施行されたことで、こうした労働形態が今後、さらに広がってゆく可能性が高まったのだ。

日本で派遣労働の制度が始まったのは一九八六年のことだ。バブル経済真っ盛りのこの時期、人手不足を補うために緊急的な措置としてつくられた。当初は一般の社員労働者が派遣労働者に職を奪われないよう、専門性を要する一六業種に限定されてスタートした。しかし、バブル経済崩壊後の不景気が続く一九九九年、企業の窮状を受けて派遣労働の枠が一般業種にまで拡大されたのだ。そして二〇〇四年には、禁じ手といわれてきた製造業にまで拡大されたことで若者を中心に派遣労働者が激増した。

今回、派遣労働法が再び改正されたが、最も懸念されている点は労働者の職業訓練の問題だ。これまで、日本企業は即戦力より新卒採用を重視し、仕事をさせながら自分の企業にあった人材を育てるのが一般的だった。だから、雇用から三年ぐらいは多くの企業は育成期間と考え、人材育成への投資をおこなっていた。ところが、今回の改正で、派遣労働者はいかなる理由があろうと、同じ会社で三年以上働けなくなった。三年でやめることがわかっている人間に教育を施す企業はまずない。つまり、派遣労働の拡大は、技能を身につけないまま歳をとってゆく人間を量産することになる。これが将来、貧困層の拡大に繋がると懸念されているのだ。それは当然、自死リスクを高める要因にもなる。

だが、正規社員として採用されたからといって安心してはいられない。二〇一六年四月から「高度プロフェッショナル制度」、通称「残業代ゼロ法案」が施行される。この法案の内容を簡潔に述べれば、給料を年俸制にし、残業代を発生させない法案である。これまでの日本の法律では、管理職以外の正規雇用者が超過勤務をした場合、原則、残業代を支払う義務があった。残業代を支払わせることは、企業側が過重労働をさせないための重要な歯止めのひとつになってきた。企業が法律の網の目をくぐり抜け、残業代を節約するために考え出されたのが清水さんの裁判でも争われた「名ばかり店長」という裏技だった。つまり、経験や力量のない若い従業員を「店長」などの役職につけてしまうことで、残業料の支払いを免れる方法だ。ところが、この新法案が施行されれば、そんな裏技を使わなくても正々堂々と残業代をカットできるのだ。

現時点で、この法案が適応される労働者は、年収一〇七五万を超える専門職に限られている。そのため、多くの人は自分には関係ないと高をくくっている。ところが、この法案に関して経団連側が出した当初の要望は、年収四〇〇万以上のすべての専門職に適用してほしいというものだった。つまり、今後は適用範囲が広がってゆく可能性が高いのだ。もし、適用範囲が年収四〇〇万円以上となれば、大半の専門職の社員が対象になる。

施行前からこうした懸念が囁かれる背景には、この法案が、アメリカですでに導入されている、「ホワイトカラー・エグゼンプション」と呼ばれる法律を模したものであり、日本に進出するグローバル企業が日本で活動しやすくするため、アメリカ政府から度重なる要求があった結果だからだ。アメリカの「ホワイトカラー・エグゼンプション」は、専門職だけでなく一般事務職まで、年収が一定額を越えた者については双方の話し合いによって報酬を決め、残業代をなくすという法律である。そもそもアメリカには、一週間四〇時間を超える時間外労働については、規定の給料の一・五倍支払うという企業側にとって厳しい決まりがあった。企業にとって負担の大きいペナルティを設けることで、労働者を過重労働から守ってきたのだ。ところが、「ホワイトカラー・エグゼンプション」の導入によって、それは骨抜きにされてしまったのだ。

しかも、その適用範囲は週給四五五ドル以上、年収二七〇万円以上のすべての専門職である。つまり、フルタイムで働く大半の専門職や事務員にこの法律が適用されているのだ。さらに重要な事実がある。我々が専門職と聞くと、エンジニアや医師など、高度の専門性を要する特殊な職業を想像する。ところがアメリカの場合、営業マンや経理マンなど、判断を必要とする職種すべてが専門職に含まれているのだ。要するに、派遣労働者でまかなえる単純労働以外のほとんどの仕事にこの法律が適用されている。

章の冒頭で、「過労死」、「過労自死」がホワイトカラーやエリート層に多いことが、日本の特徴のひとつであると述べた。ヨーロッパの先進国では、労働者を守るための法整備が完備されているため、ホワイトカラーの「過労死」はいまのところほとんど起こっていない。ただひとつ、そうでない先進国がある。それがアメリカである。能力主義、成果主義が徹底しているアメリカでは、経営トップや為替トレーダーなど、能力のある人間は仕事の成果に応じて、現在の日本では想像もつかないほどの高額の報酬を受け取っている。こうした人々が地位やお金のために無理をして働いた結果、命を落とす事件が頻発しているのだ。

二〇一五年、日本に赴任しているトヨタの女性執行役員が癌などの痛みを和らげるために使われているオキシコドンという禁止薬物を密輸して摘発された。結局、鎮痛剤として使用する目的であったとして、刑事責任を問われずに幕引きとなった。だが、オキシコドンは、アメリカではインテリの麻薬として使用されているのはよく知られた事実だ。極度のストレスを抱える管理職やトレーダーたちが、緊張を和らげたり、精神のバランスを保つために幅広く使用しているグレーゾーンの薬物なのだ。「自己責任」という概念が強くあるアメリカの経営者たちは、高収入と引き替えに、想像を絶する重圧の中で暮らしている。

ところがアメリカでは、それほど高収入でないホワイトカラー層にも「過労死」、「過労自死」が頻発している。その背景に、「ホワイトカラー・エグゼンプション」の影響が指摘されている。つまり、労働者は個別の契約によって分断されている上、仕事がはかどれば高額の報酬がもらえ、失敗すれば解雇を含むペナルティが科せられるという飴と鞭で、極限まで働かされているのだ。そのため、現在、アメリカではこの法律を見直そうという動きも高まっている。ところが日本政府はこうした検証を疎かにして、「高度プロフェッショナル制度」の導入をあっさりと決めてしまった。

日本政府は、この法律の導入目的を専門の能力や技能を持つ労働者を優遇するためであると謳っている。だが、本当の狙いは、企業が残業代や賃金を抑制するためのものであることは、アメリカの現実を見れば疑う余地がない。ちなみに、この制度が導入されたあかつきには、企業が受ける恩恵は年間で二兆円に達するという試算まである。ただでさえ生真面目で責任感の強い国民性をもつ日本でこの法律が導入されたら、アメリカ以上に「過労死」、「過労自死」が増えることになるだろう。私たちがすべきことは、「過労死」や「過労自死」、さらに「過労による精神疾患」を国際競争に打ち勝つためのコストの一部と考えるのではなく、ひとりひとりの国民が幸せに働ける環境がどのようにしたらつくれるのか、真剣に考えることではないだろうか。

第三章　宗教と自死

自死者が加害者になるとき

たとえばアパートや賃貸マンションで暮らしていて、自分や同居している家族が病気や事故で亡くなっても、大家から損害賠償を請求されることはない。社会問題として注目を集めている「孤独死」についても同様である。「孤独死」の場合、運悪く発見が遅れて腐乱死体で見つかったとしたら、遺体の腐乱や汚物によって部屋を汚してしまった部分については原状回復を求められる。だが、それ以上の賠償は基本的には不要である。

ところが、「自死」の場合は扱いが違ってくる。遺族が「加害者」として、大家から損害賠償を求められるのだ。理由は、不動産価値の下落である。なぜ下落するかといえば、「自死」を気味が悪いと感じる人が相当数いて、自死があった部屋の借り手が減るからだ。それなら、自死があったことを隠して次の人に貸せばいいと思うかもしれない。だが、現在の日本の慣例では、自死者の住んでいた賃貸物件は「事故物件」、つまり傷物として扱われるため、不動産業者は宅建業法に基づき、次の入居者に「事故物件」であることを告知する義務があるのだ。

不動産屋が入居者を募集するとき、自死があった部屋には、備考欄に「本物件内にて、自ら生命を絶った事故歴があります」と記さなければならない。ちなみに、事故物件には「物理的瑕疵物件」と「心理的瑕疵物件」の二種類が存在する。「物理的瑕疵物件」は、シロアリに建物の一部が食い荒らされていたり、家が傾いていたりなど、土地や建物に欠陥があるケースだ。それに対して、「心理的瑕疵物件」は土地や建物自体には問題がないが、居住者が住むに当たって精神的苦痛があると考えられるケースだ。隣に暴力団の事務所があったり、宗教団体が入居しているケースなども含まれるが、前の入居者が殺されたり、自死をしたケースも対象になっている。

こうした不動産は「事故物件」、つまり「傷物」であると表記する以上、家賃を下げざるをえない。そして「自死」の場合、家賃の下落分を自死者の遺族が負担させられることになる。もしそれを拒めば、遺族は裁判で被告席に座らされることになるのだ。賃貸住宅で「自死」した場合、損害賠償額の算出方法に規定はない。そのため裁判所の判決や和解金の額は個々のケースによって違っている。だが、おおよその相場があり、一例をあげると、その部屋の一年分の家賃プラス次の一年分の家賃の半額程度、さらに、自死者が住んでいた上下左右の部屋の家賃の一〇パーセント程度を一年間にわたって補償するというものだ。

　この算出法によると、自死した人が借りていた部屋の家賃が仮に一〇万円だとすると、遺族が補償する額は二二八万円になる。そして重要な点は、こうした賠償金が大家の身勝手な請求ではないということだ。請求される賠償額はケースバイケースだが、遺族がそれを不服として訴訟に持ち込んだとしても、裁判所は相場に近い損害賠償の支払いを命じる。

　このほかに、賃貸住宅で自死した場合、部屋の穢れを取り除くためのお祓い料として一〇万円ほどを請求されたり、風評被害による他の部屋の家賃の下落分までも請求されることもある。また、分譲式のマンションの場合、資産価値が下落したとして、他の住民から損害賠償を求められることもある。そうなると、請求額は一〇〇〇万円を越えてしまう。さらに悪質な場合、建物全体を建て替えたいといって、億単位の金額を請求されたケースもある。もちろん、法外な金額を請求された場合、裁判に訴えれば、前述した相場といわれている金額まで減額されるのが普通である。だが現実には、裁判に持ち込まれるケースはほとんどない。肉親を自死で失い失意のどん底にある遺族が、膨大なエネルギーを要する裁判を起こすのは容易なことではないからだ。そのため、自死遺族の多くはそれが支払えない金額でない限り、不当な賠償金を請求されても、ほとんどが言いなりに支払ってしまうのが実情だ。

「身勝手な死」という偏見

東京郊外に暮らす柴田さん夫妻は都内の金融機関に勤める娘、沙織さんを自死でなくした。自宅から通うことも可能だったが、早朝から深夜に及ぶ激務だったため、実家を離れて都内のアパートで暮らしていた。沙織さんは疲労による不眠から精神科に通うようになり、抗不安薬と睡眠薬を飲むようになっていた。やがて、薬の量が増え、それにつれて精神状態も不安定になっていった。自死を試みたが幸い一度目は未遂に終わった。

ある朝、母親の美子さんが目覚めると携帯電話に遺書めいたメールが着信しているのに気づいた。すぐに娘に電話をしたが繋がらなかった。慌てて娘の部屋を尋ねると、中から鍵がかかっていて応答はなかった。不動産屋に連絡をとり、事情を話して鍵を開けてもらった。部屋は整然と片づけられていて、娘の姿は見あたらなかった。きっと買い物にでも出かけたのだろう。安堵で胸をなで下ろしたときだった。何気なく開けたクローゼットの中に変わり果てた娘の姿を発見したのだ。縊死だった。

柴田さんは無我夢中で首に巻き付いていた紐をはずそうとした。だが、きつく絞まっていてとても素手では解けなかった。不動産屋にハサミを持ってきてもらい、紐を切った。

すでに娘の身体は冷たくなっていたが、なかなか現実を受け入れられず、必死で人工呼吸を繰り返した。やがて警察がやって来て、遺体は検死のために運び出されていった。

悲しみの中、不動産屋に鍵を返しに行ったときだった。

「自殺の場合、大家さんに損害賠償を払うことになります。追って連絡しますが、金額は二〇〇万円ほどだと思います」

娘の死で頭が真っ白になっていた柴田さんは、不動産屋の事務的な言葉を遠い声のように聞いていた。だが数日後、請求書が本当に自宅に送られてきたのだ。金額は不動産屋の言葉どおり二〇〇万円だった。娘の自死でそれどころではなかった美子さんだが、すぐに払える額ではなかったため、知り合いに弁護士を紹介してもらい請求額の内訳をアパートの所有者に問い合わせてもらった。すると、アパートの所有者からは「そんなものを請求した覚えはない」という答えが返ってきた。管理を任されていた不動産屋の独断によるものだということがわかり、一件落着したかに見えた。だが、あとでわかったことだが、大家は管理を不動産屋に丸投げしていたのだ。

沙織さんの借りていた部屋は家賃を三万円下げることで次の借り手がすぐに決まった。こうして夢うつつの中で三年の時が過ぎていった。ほんの少しだが、娘を自死で失ったことを心の片隅に留め置くことができるようになった。そんなある日のことだった。柴田さんのもとに一通の請求書が送りつけられてきた。中にあったのは減額した分の家賃四年分とそれに伴う諸経費、あわせて一九四万円の賠償請求だった。娘の死後、苦しい気持ちに鞭打って、生活のために必死で仕事を続けてきた柴田さんにとって、払いきれる金額ではなかった。それ以上に辛かったのは、娘の死から三年、ようやく心の平安を取り戻し始めた時期に、その請求書によって一気に悲しみにうちひしがれていた時代に引き戻されてしまったことだった。柴田さんはどうしていいかわからず、藁をもつかむ思いで自死遺族会の連絡先を見つけて相談した。すると、こうした問題に詳しい弁護士を紹介してくれた。

賃貸住宅で自死した場合、現行の法律に照らせば（複数の法律がからんでいる）、不動産のオーナーから請求が来た場合、損害賠償は免れられない。しかし、四年分は明らかな不当請求だと弁護士は説明した。弁護士と共に調停のために裁判所を訪れ、厳しい台所事情を訴えると調停委員ははじめ親身に話を聞いてくれた。ところが、それから一年ほどが経過し、三度目に裁判所を訪れたときだった。調停委員は一転して態度を変え、「そろそろ決断しましょう」と不動産屋からの賠償請求を飲むように迫ってきたのだ。それだけではなかった。「裁判を起こしたとしても、金額がさらに増えることもありますよ」という事実とは違う脅しとも取れる発言や、「争いになると、被告席に座らされ、事件のことを蒸し返すことになりますが、それは辛くはないですか」と、明らかに大家側に立って、事件の幕引きを迫る文言ばかりだった。

被告席に座らされる。その言葉を聞いた途端、柴田さんは胸が苦しくなったという。娘は一生懸命生き、苦しみ抜いた果てに命を落としたのに、なぜ、犯罪者のような扱いを受けなければならないのだろうか。柴田さんは娘の命を奪ったのは、彼女が人間関係に悩んだとき、訪れた心療内科で与えられた抗不安薬（向精神薬薬害については後述する）が大きな要因のひとつであると確信していた。そのため、犯罪者のような扱いにはどうしても納得できなかった。そして、なによりも、娘を救えなかった自責の念が重く心にのしかかってきた。

柴田さんは、このような不条理な制度を変えるためにも裁判を起こそうかとも考えた。しかし、やはり事件を振り返る勇気はなかった。結局、示談に応じることにし、相場に近い、減額した家賃三万円の二年分、請求額のおよそ半額を支払うことで辛い思い出から逃れることにした。

「離れて暮らしていたので、娘の身に何があったのか細かいことはわかりません。でも、私たちの知る限り、娘はとても優しい子で真面目に一生懸命生きていました。裁判で被告席に立たされると思ったとき、必死で何かと戦ってきた娘の人生を否定された気持ちがして耐えられなかったのです。今でも、娘は死にたくて死んだのではないと思っています」

柴田さんのケースでは、請求された賠償金額が幸か不幸か柴田さんの支払い能力を超えていたため、異議を申し立てる決意がつき、減額することができた。しかし、こうした問題を数多く手がけてきた弁護士は、柴田さんのように異議申し立てをするケースは極めて稀で、多くの自死遺族は大家の言いなりに支払うという。自死の直後、遺族は辛い出来事を、できる限り思い出したくない。だから、たちの悪い大家や不動産屋にとって、自死遺族は食い物にしやすい格好のターゲットなのである。最近ではあらかじめ資産調査をし、支払い可能な上限の金額を請求してくる悪質なケースもあるという。

柴田さんはこう訴える。

「大家さんも個人事業主のはずです。自死によって損害を被ることはあっても、それは事業する上のリスクのひとつではないでしょうか。なぜ、遺族がそれを支払わなければならないのですか」

自死があった部屋は借り手が減り、空室期間が長引き、家賃を下げざるを得なくなる。大家は明らかに損害を被ることになる。問題は、その損害を自死者やその遺族に負わせるのが妥当かどうかという点だ。それは私たちの社会が、自死をどうとらえているのかという問題と深く関わっている気がする。

例えば、火事と比較してみるとわかりやすい。一軒の家から火の手が上がったとする。

その結果、隣の家に延焼し、隣の家を焼やしてしまった。その場合、火元の家に明らかな過失があったとしても、それが家主による放火などでない限り、日本の法律では火元の家主には損害賠償責任は発生しない。それゆえ、多くの家の持ち主は、火災に巻き込まれたときのために火災保険に加入している。

近年、火災や事故などで家賃が滞った場合、家賃を保証する保険に、自死や孤独死による損失にも対応するタイプの保険ができた。この保険に加入すれば、借り手が自死した場合、家賃の下落分や空室期間の家賃を一定程度、保証してくれる。しかし、加入率は決して高くない。なぜなら、大家はいまのところ法律で守られているため、無駄な保険料を支払う必要がないからだ。

火事との比較でいえば、損害賠償が発生する「自死」は過失による失火でなく、放火と同じ扱いということになる。つまり、本人の意思で死を選んだのだから、その損害に対して賠償責任が生じるのは当然であるという考え方だ。実際、この問題に対する一般の人へのアンケート調査の結果をみると、「遺族が賠償するのは当然」と考えている人が圧倒的に多い。しかし、本当にそうなのだろうか。

「自死」に冷淡な宗教

そもそも多くの人はなぜ、自死者の住んでいた部屋に住みたくないと思うのだろうか？人間にとって死が疎ましい事実であるのは、病死であろうと事故死であろうと、他殺であろうと、「自死」であろうとかわらないと思う。できうるならば、死とお近づきになりたくないと思うのは、洋の東西を問わず人間の素直な気持ちだ。問題は、日本で「自死」が事故死や病死と区別され、特別視されているという現実だ。たとえば少なくとも日本のように「自死」があった不動産を心理的瑕疵物件として法律で告知義務を設けたり、大家が損害賠償を堂々と請求できる先進国は他に見あたらない。

人は自然死より、不自然死に対して強い忌避の念を持つ傾向がある。とりわけ強い恐怖を感じるのが殺人事件だ。「殺人」があった家に住みたくないという気持ちは世界中の多くの人が共有する感情のようだ。アメリカでも、惨殺事件があり、地元で呪われていると噂されている家を買い手に何も伝えずに売却し、裁判になった場合、売買無効の判決が数多く出されている。ただしアメリカの場合、日本のように法的な告知義務があるわけではない。そのため、殺人事件があった家を含め、わけあり物件は売り手と買い手の関係の中で値引きがおこなわれたりはするものの、よほど特殊な事情がない限り、しばらく時間がたつと忘れられてしまうという。

アメリカの複数の報道によると、日本でも話題になった、コロラド州で一九九六年に起こった美少女タレントだったジョンベネちゃん惨殺事件。その舞台になった邸宅は、一九九一年にジョンベネちゃん一家が購入した時は五〇万ドルだったが、二〇〇四年に売却したときは二倍を超える一〇五万ドルだった。これは当時の付近の土地の相場よりかなり高い額だったという。購入者は、「とても住み心地が良い家で、特にジョンベネちゃんの死体が発見された地下室を気に入っている」とコメントしている。それを見る限り、どうやら日本人ほど事件を引きずらないようだ。

柴田さんのケースでは、家賃を三万円下げただけですぐに次の借り手が決まった。このように、日本でも最近は値段の安さにつられ、あえてこうした心理的瑕疵物件を探して住む人も増えている。そして、事故物件を専門に斡旋する不動産屋まである。だが、圧倒的多数の日本人は、やはり「自死」に対する忌避の念が強く、「自死」があった部屋に住みたがらないのが現実だ。その背景には、日本独特の死生観、宗教観が大きく関与している気がする。

この問題に入る前に、まずは世界の宗教が、「自死」とどのように向き合ってきたかをみてみよう。たとえばユダヤ教、そこから派生したキリスト教やイスラム教など、現代世界に大きな影響力を持っている一神教の世界観では、「自死」に対して、すべて否定的な立場をとっている。その根底にあるのは、一神教の世界観では人の命は神から授かったものであり、その人自身の所有物ではないからだ。神から授かった命を、人間ごときが自らの手で絶つなど言語道断だという考えが基本にある。

キリスト教についていえば、「自死」を否定するようになったのは四世紀、聖アウグスティヌスの時代とされている。最大の理由は、当時多発していた「殉教」にある。そのころのキリスト教はまだ迫害の対象で、自らの命を犠牲にして信仰を守ろうとする信者があとを絶たなかった。こうした状況を憂慮した宗教指導者たちが、信者たちに信仰のために自らの命を捨てる行為を禁止したのが始まりだそうだ。

その後、キリスト教（ローマカトリック）はヨーロッパ社会の覇者となり、迫害による殉教の心配はなくなった。しかし、自死に対する否定的な態度は緩和されないばかりか、逆に強化されていった。六九三年のトレドの宗教会議で、「自死者はカトリック教会から破門する」という宣言がなされ、「自死」が公式に否定されたのだ。さらに名教皇といわれた聖トマス・アクィナスが、「自死は生と死を司る神の権限を侵す罪である」と規定したことで、「自死＝悪」という解釈が定まったといわれている。その結果、自死者は教会の墓地に埋葬してもらえないという時代が長く続いた。

もうひとつの一神教の雄、イスラム教においても、自死は地獄へ落ちる行為とされている。その根拠とされるのがコーランの『婦人章』第二九節と三〇節にある。その中で、「あなたがた自身を殺し（たり害し）てはならない」と明確な禁止の啓示が下されていて、さらに、「もし敵意や悪意でこれをする者あれば、やがてわれは、かれらを業火に投げ込むであろう」と続けている。つまり、自殺は地獄へと通じる行為であることを示唆している。

現在、世界各地で起こっているイスラム教徒による自爆テロは、正統なイスラム教の考えに反する行為なのだ。ただし、仲間の生命や財産、あるいは信仰を守るために戦いは認められていて、その結果、運悪く命を落としたとしたら、その人は殉教者として賞賛される。はじめから意図した死ではなく、正当性がある戦いにおいて、結果として命を落とした場合のみ「殉教」と認められるのだ。

日本人に身近な仏教の世界で、ブッダの教えの中に「自死」に対する特別な言及はない。つまり、肯定も否定もしていないのだ。ただ、仏教では殺生は十悪の一つとされていることから、自分で自分の命を絶つ「自死」を殺生のひとつと解釈する僧侶は少なくない。そのため、自死で命を落とした人にむごい戒名をつけたり、キリスト教同様、墓地に埋葬することを拒むなどの差別が長年にわたって行われてきた。このように、仏教思想の中に、

「自死」＝「自分に対する殺生」という考えがあるかどうかは別として、「無明（浅い考え）や煩悩（世俗の悩み事）によって自死するのは好ましくない」という考えが仏教界全体の基本認識になっているようだ。

「地縛霊」のたたり

通夜や葬儀の法話の席で、僧侶から、「命を粗末にする人間は浮かばれません」とか、「自殺は罪なので、地獄に落ちることになる」などという心ない言葉を浴びせられ、深く傷ついたという話は数多の遺族から聞いた。また、「自殺なのだから、葬儀はこぢんまりおこなった方がいいですよ」と僧侶から言われたという人もいた。

仏教は日本人に身近な宗教のひとつであり、とりわけ、死を取り扱う宗教なので、仏教界のこうした考え方は、日本人の「自死」に対する偏見を助長させたのは確かだと思う。だが一方で、私には、一般にいわれているほど、日本人の死生観に仏教思想が必ずしも反映されているとも思えない。日本人の死生観の根底には、仏教伝来以前から続く土着の信仰があり、仏教信仰と渾然一体となっているようにも思えるのだ。

死にゆく人により添い、死の苦しみを和らげることを仕事にしている臨床宗教師によると、死を前にした日本人がイメージする死後の世界は大きく四つに分かれるという。元来の仏教のもつ「輪廻転生」を信じる人。死ぬとすべてが消えてなくなってしまうと考える人。死者の魂は肉体が滅びた後、子孫に引き継がれてゆくと考える人。そしてもうひとつは、人間を超える大きな宇宙に統合されてゆくという考え方だ。つまり、日本人の死に対する考え方はかなり多様なのだ。

中でも、一番ポピュラーなのは、人間には「死後の世界」＝「霊界」が存在し、亡くなった人たちはこの「霊界」で暮らし、私たち人間界を見守っているという考え方だ。彼らは、基本的には生きている人たちに害悪は及ぼさない。ところが、突発的な事件や事故などで命を落とした人はなかなか自分が死んだことを受け入れることができない。そのため、死んだという自覚が持てるようになるまで、死者の魂は往生できず、何ヶ月も、ときには何百年も命を落とした場所に留まり続け、その場にかかわる人に悪さをすると考えられている。これがいわゆる「地縛霊」という考え方である。「地縛霊」という言葉が盛んに使われるようになったのは最近のことだが、こうした怨霊信仰は原始仏教の中にも、また日本の伝統宗教の中にも存在していた。

自死者や殺人事件の犠牲者はこうした「地縛霊」になるケースが多いと信じられている。

日本人が自死者や殺人事件の犠牲者に対する強い忌避の念を持つ背後のひとつに、この「地縛霊」の存在があると思われる。「地縛霊」の解釈については一様ではないが、一般的には、その土地に近づいた人に災いを起こしたり憑依したりして悪さをする霊と考えられている。例えば、「地縛霊」がいる部屋で暮らす人はそのせいで病気になったり、その場所に駐車場をつくったとすれば、その駐車場を利用する自動車が事故を起こしやすくなると考える。こうした信仰に基づく迷信は根が深く、日本人が自死に対して持つ偏見と深い関わりを持っていると思われる。

ただし、こうした考え方は必ずしも日本人特有のものではない。「地縛霊」という言葉こそないものの、これと似た考え方は世界中に遍在している。言い換えれば、人は肉体が滅びたあとも魂はこの地上に生き続けるという思想は世界中にあり、その場合の死後の世界というのはその地域の文化が持つ死生観を強く反映したものになる。例えばイギリスでは、家に居着く霊魂を信じる人が多くその研究も盛んにおこなわれている。ただし、イギリスの「霊」は必ずしも害悪を及ぼすネガティブな存在ではなく、人を楽しませたりすることもある。そのため幽霊が出るといわれる家は人気があり、有名になると個人宅であっても見学ツアーが組まれたりすることもある。そうなると不動産価値が上がることも多い。

また、敬虔な仏教国として知られるミャンマーにもナッと呼ばれる民間信仰が根強く残っている。ナッの神々は元々高い能力がありながら、嫉妬や敵対者の謀略により非業の死を遂げた人たちである。そのため、無念さを心に秘めたまま魂は地上をさまよっている。そうした考え方は日本の「地縛霊」に近いが、はっきり違う点がある。彼らは殺された恨みを晴らすより、生前の高い能力を発揮して、人々を守る守護霊として活躍する存在であると信じられていることだ。つまり、「地縛霊」のように陰気で悪意を持った存在ではなく、生きている人間を災いから守ってくれる頼もしい存在なのだ。またミャンマーにはお化けも存在し、人々はお化けを怖がったりもする。ただ、彼らはお化けを往生できなかったかわいそうな存在ととらえていて、人間の前に姿を現すときは往生できずに苦しんでいることを伝えているためだ、と冷静に受け止めている。

つまり、死後にも魂は存在し続け、ときおり地上の人間の前に姿を現すという考え方は世界中に存在し、こうした霊魂と人間の関係は民族や文化によってかなり多様であるようだ。日本人の場合、「地縛霊」のような陰気で恐ろしく性格が悪い霊の存在を信じていることが、自死者の住んでいた部屋に住みたくないという気持ちを強化するバックグラウンドのひとつになっているように思える。こうした「怨霊信仰」のようなものは、それが信仰である故に理屈で排除するのが難しく、二一世紀のいまになっても、不動産における「目死」差別の大きな要因になっている。いずれにしろ、不動産における自死差別が遺族たちを苦しめている実情を理解し、政府として早急に対策を打つ必要があると思う。

自死遺族の苦しみ

「自死」が引き起こす最大の悲劇、それは周囲の人が受ける心のダメージだと思う。身内の「自死」によって深い心の傷を負い、そのために心身を病んでしまった遺族にも数多く出会った。娘の自死からほどなく、夫を癌で失った女性はこんな風に夫の死を語った。

「主人に癌が見つかったのは、娘の自死から三年後のことでした。娘の自死はいじめが原因でしたが、夫とはとても仲が良かったので、自分が救ってあげられなかったことに強い自責の念をもっていました。娘の死後、お酒と煙草の量が急に増えたので、癌は娘の自死と無関係でないと思っています。癌だと告げられたとき主人は、これでやっと娘のところに行けると言って治療をいっさい受けようとしませんでした。私にもその気持ちがわかったので、無理に治療を受けろとは言えませんでした」

身内の自死で、多くの遺族は、実際に落ち度があったかどうかは別として、後悔の念と罪の意識にさいなまれる。「自死」を食い止めるために自分に何かできたのではないか。「自死」には自分たちにも責任があったのではないか。遺族はそうした問いを、自分自身に向かって繰り返し問い続けることになる。

全国で二九〇〇人が加盟する全国自死遺族連絡会の代表を務める田中幸子さん（66）。住まいのある仙台市を中心に自死遺族の分かち合いの集い「藍の会」を主催するなど精力的に自死遺族支援の活動をしている。田中さんは二〇〇五年、警察官だった最愛の息子を上司のパワハラによって亡くした。職場に対する憤り、息子の自死を防げなかった自責の念、そして深い悲しみ、様々な感情が入り乱れた。気持ちを切り替えようと古くからの友人たちと会ったが、逆に疎外感を感じることの方が多かった。ひとりぼっちで悩み続けているうち、後追い自死をしようと思ったこともあった。自分が受けている苦しみの意味を知りたくて占い師を尋ね歩いたこともあった。そうすることで一時の安らぎを得ることはあったが、苦しみは何も解決しなかった。自分の怒りや悲しみを受け止めてもらえる場所を探していた。

そのとき、自死遺族を支援する人たちの会が福島にあることを知り、顔を出してみた。日本には当時まだ、自死遺族の自助グループは存在しなかった。自死遺族たちとの気のおけないコミュニケーションは、お互いの言葉が素直に心に届き、初めて心が癒されてゆくのを感じた。だが同時に、支援者たちの、気の毒な人を助けてあげたいという上からの目線にはストレスを感じた。彼らの前では気の毒な自死遺族を演じ続けなければならなかった。旅費などの費用負担の問題もあって、こうした集まりからも足が遠のいていった。

地元の仙台市に自死遺族による自助グループをつくれないだろうか。そう考えた田中さんは、市や県にかけあってみた。田中さんの考えにひとりの市会議員が賛同してくれた。その議員は「できることは何でも協力するから、自治体に頼るのではなくあなた自身の手で会を立ち上げてみなさい」と言った。こうして二〇〇六年、全国初の自死遺族のつどい「藍の会」が誕生した。地元のテレビ局や新聞社にアピールしてもらったこともあり、初回の集いには三〇名以上の自死遺族が参加した。

「こうしたことに不慣れだった上、初回は参加者ひとりひとりに記帳してもらわなければならなかったので、受付には長い行列ができました。同じ思いの人がこんなにたくさんいたのだと思うと、感無量でした」

これまで誰にも伝えられずにため込んできた怒りや悲しみを心ゆくまで語り合うことができた。求めていたのはこれだったのだと確信した田中さんは、こうした活動を全国に広げるべく動き出した。田中さんの働きかけで全国各地にポツリポツリと自死遺族の自助グループができていった。

田中さんの活動が実を結んだ要因のひとつは、自身が自死遺族であることを隠さず、堂々と名乗り出たことだ。田中さんは本名ばかりか、携帯と自宅の電話番号をネット上に公開し、遺族の悩み相談に乗ってきた。田中さんを頼って、年間一〇〇〇人を超える自死遺族や自死リスクのある人たちが連絡してくる。田中さんに連絡してくるのは、自死にまつわる様々な問題の悩みだけでなく、単に苦しい気持ちを聞いてほしくて連絡してくる人もいる。田中さんは根気よく悩み相談に乗り、金銭問題を含めた専門的な対応が必要な人には、ネットワークを組んでいる医師や弁護士などの専門家を紹介することにしている。

自死対策基本法成立以来、行政もそうした場をつくることに積極的で、近ごろでは、「グリーフケア」と呼ばれる、自治体が主導する自死遺族の分かち合いの場も増えている。田中さんは、こうした取り組みに一定の評価を与えながらも苦言も呈する。

「国は自死遺族を自死リスクの高い病人と考えて、自死予防の一環として遺族の集いを開いているような気がします。でも、私たちは病人ではありません。最愛の人を失い、深い悲しみにうちひしがれているだけなのです。だから、治療ではなく、心を割って悲しみや苦しみを語り合うことが大切なのです。そのためには対等な話し合いの場が必要です。ところが、行政が主催する分かち合いの会は、医師や役所の担当者が上目線で自死遺族の心を治療しようとするところが多いため、遺族は身構えてしまい、本音で語り合うことができません。悲しみや苦しみからの解放には繋がらないことが多いのです」

全国を飛び回り、精力的に自死遺族の支援活動を続けている田中さんだが、いまでも些細なことが引き金となって、息子さんが亡くなったときのことが蘇り、何もかもが空しくなるときもあるという。

「遺族の悲しみは、最終的には死んだ人が生き返らない限り癒えることはありません。私たち遺族は、悲しむことは亡くなった人に対する愛の表現だと考えています。ただ、同じような悲しみを味わう人を一人でも減らしたいとも思っています。自死を減らすためにやるべきことはたくさんあります。でも、まずは苦しんでいる遺族の傷口に塩を塗る社会の差別や偏見をなくしていきたいと思っています」

田中さんは自死遺族の支援だけでなく、シンポジウムを開いて自死差別の実態を伝えたり、不動産における自死遺族への不当請求などの差別行為に対して行政に働きかけたりして、自死に対する差別をなくす運動にも積極的に取り組んでいる。また、熱心な仏教徒である田中さんは、宗教関係者とも交流し、死後まで差別される辛さを遺族の立場から訴えている。

宗教界の変化の兆し

「自死」が社会問題化し、また自死遺族たちが声をあげたことで、長い間、「自死」を差別してきた伝統宗教の世界にも変化の兆しが見えている。例えば、キリスト教の世界ではローマ法王であった聖ヨハネパウロ二世が一九九五年の『回勅』の中で、「自殺者を断罪するのではなく、自死を選ばざるを得なかった人生を神に委ねる姿勢が大切だ」と、自死者に対する過去の対応の過ちを認めて謝罪した。もちろん、キリスト教が「自死」を正しい行為だと認めたわけではない。自死にいたった苦しみや遺された遺族の悲しみに、キリスト教があまりに無頓着だったことを詫びたのだ。

実は、カトリックの聖職者の中には、うつ病になり、自ら命を絶つ人も少なくない。神父にうつ病が多発している背景はいくつかの理由が考えられる。まず、神父になろうという人には真面目で正義感の強い人が多い。そのため罪の告白や悩み相談をうけたとき、それをまともに背負ってしまい大きなストレスを抱え込んでしまう。また、世俗の欲望を否定するストイックな生活を続けることによるストレスも小さくない。こうした要因が重なって、心の病に陥る神父が思いのほか多いという。

太田義信神父（64）がうつ病と診断されたのは三〇代のときだった。これといったきっかけは思い当たらないという。病気は突然発症し、長い間、強い自死願望と戦い続けてきた。実は、太田神父も自分がうつ病になるまで、「自死は罪である」というカトリック教会の教えを何の疑いもなく信じてきた。ところが病気になった途端、突然に触手のようなものが伸びてきて、強い力で死の世界に引き込まれるような体験を何度も味わったという。こうした苦しみと闘ううち、「自死」は信仰とは別の問題、善悪で裁くべき問題ではないと感じるようになった。

「自死したいという気持ちが強かったころは、駅で電車を待っている時間がとにかく大変でした。通過する急行電車に飛び込んでしまうのではないかという不安から、いつもセミのように駅舎の柱にしがみついていました」

それから、こう続けた。

「私の場合、自死が罪である、つまり、宗教的に許されない行為だと教え込まれてきたおかげで、かろうじてこちら側の世界に踏みとどまれたのかもしれません。そういう意味では、自死を罪であるとするカトリックの教えには感謝しています。しかし、自死によって命を落としてしまった人を罪人であると決めつける考え方は、受け入れられなくなりました」

いまでも、カトリックの世界には「自死」は罪であるという考えが根強い。しかし、近年、教会内部でも自死者に対する名誉回復の動きが進んでいる。

一方、差別的な戒名などによって、長年「自死」を差別してきた日本の仏教界も、日本社会における自死者の急増を受け、これまでの「自死」に対する向き合い方を見直そうという動きが広まっている。宮城県にある慈恩寺の住職、樋口法生さん（46）は、子どもを亡くした親の分かち合いの会「つむぎの会」を定期的に開催している。実は信徒の中にも、「自死」だけでなく、不慮の事故で亡くなった人は往生できないのではないかという不安をもつ人がおり、そうした不安を取り除くためにはじめた法要だ。死に方や動機に関係なく、死者の魂はすべて極楽浄土に行けることを伝えることで、遺族の苦しみを軽減するのが目的である。

樋口住職が所属する浄土宗には死者を死に方によって差別する考えはない。そのため樋口さん自身も、「自死」を差別する気持ちはなかった。それでも僧侶になりたてのころは、自死遺族の悲しむ姿を見ていると、「なぜ、まわりの人の気持ちを考えなかったのだろうか」と、自死者を非難したくなる気持ちを持ったこともあったという。だが、多くの自死者の葬儀をおこなううち、「自死」が世間でいわれているような「身勝手な死」なのではなく、追いつめられた果ての死であることに気づくようになった。そして、自戒の念もこめて、自死差別によって遺族が苦しまないための活動もはじめたという。

「仏教思想の中に自死を差別する考えはありません。ただ、『自死』を自分で自分を殺める行為と解釈し、殺生を禁じる仏教の教えに反すると考える僧侶が少なくないのも事実だと思います」

かつて横行した自死者を貶めるような戒名も、まだ完全にはなくなっていないという。

「私自身は、昔のようなむごい戒名を見たことはありません。ただ比較的最近のことですが、自死者の戒名に否定的なイメージを持つ漢字を使っているのを見たことがあります。字に込める思いはお坊さんひとりひとりによって違っていると思うので一概に言えないかもしれません。でも普通に考えて、その文字を良い意味で使っているとは思えませんでした」

樋口住職は思いを同じくする仲間たちと、自死遺族を招いて話を聞く会を設けるなど、自死に対する理解を深め、偏見を取り除く活動をしている。樋口住職のような活動をする僧侶は全国に少しずつ増えてきている。だが、宗派を超えた交流の場がほとんどないため、仏教界全体として「自死」に対する偏見を払拭するのにはまだ時間がかかるだろうという。

まわりの人を不幸にする「自死」という行為を好ましくないと考えるのは、宗教が人の道を説く役割を担っている以上、致し方ない部分はあるのかもしれない。「自死」は避けることができるなら、避けた方が良いに決まっている。しかし、現実に起こってしまった「自死」に対してどのように向き合うのか。それは、日本人の多くが「死」を仏教に委ねていることを思うと、これからの仏教界に課された大きな課題だと感じる。

「自死」した人は弱かったのか

「自死」を取材し始めたとき最初に突き当たった壁は、身内の自死について語ってくれる人となかなか出会えなかったことだ。年間三万人以上の自死者がいるとしたら、家族の「自死」を経験している人は日本全国に何百万人もいるはずだ。だが話を聞くのは難しかった。それは彼らが、身内の死という辛い記憶を掘り返したくないという気持ちがあることは想像できる。だが、理由はそれだけではなかった。多くの自死遺族は身内から自死者を出したことを世間に知られないよう、ひた隠しにして生きていたのだ。

このとき改めて日本社会の中に、「自死」に対する根深い差別や偏見があることがわかったのだ。「自死」に対する差別には、不動産における心理的瑕疵物件の問題や差別的な戒名など目に見える形の差別だけでなく、人々の心の中にもある。それは、「自死した人は弱かった」、あるいは「身勝手だった」という思いだ。

親の「自死」がからかいの対象になり、転校を余儀なくされた子どももいた。そこまでいかなくても親の自死で、学校で肩身の狭い思いをさせられたという子どもは枚挙にいとまがない。多くの日本人は自死を人として恥ずかしいことだと考えていて、それが子どもの世界にも投影されている。また、わが子や親の自死に社会的な要因が関与していたことに気づき、それを社会に訴えようとした遺族が親族たちから「身内の恥をさらさないでほしい」といさめられたという話も何度も耳にした。小さな町で雑貨屋を営んでいた商店主は、娘の自死が店の売り上げに影響を与えることを心配し、自死した娘があたかも外国で元気に暮らしているかのように振るまい続けたという話も聞いた。だがそれ以上に驚かされたのは、そうした差別に直面した遺族の多くから、「身内の者が自死するまで、私も同じような考えをしていたので無理からぬことかもしれません」という言葉を聞いたことだった。多くの人が、「自死」を恥ずかしい行為だと考えているのだ。そうした気持ちは、いったいどこからくるのだろうか。

「何も死ななくても良かったのに」

「周りの人への迷惑を考えなかったのだろうか」

葬儀の席で身内や友人から発せられた、そんなさりげない一言に深く傷ついたという遺族の声を数多く聞いた。確かに、私も自死者の葬儀でそうした科白を耳にした記憶がある。中には、テレビドラマのように、「バカヤロー！」と叫んだ人もいた。もちろん、そうした言葉を発した親戚や友人が額面どおりの意味で言ったのではないことは、誰にでもわかる。友人や身近な人を失った無念さを訴えるのに適切な言葉が見つからず、心の中からわき上がってきた言葉をただ吐き出したに過ぎない。

しかし明らかに、遺族と知人たちとの間には、「自死」に対する受け止め方に隔たりがあった。遺族から見れば、第三者からのこうした発言は、死者への冒瀆以外の何ものでもない。「自死」に至る過程には、たとえ強靱な心や高い能力を持ちあわせている人でも逃れられない、強い力が働いていたと感じている。平たくいえば、身近にいる人は自死した人が自らの意志で死を選んだのではなく、目に見えない力によって死の淵に突き落とされたと思っているのだ。しかし、遠くから見つめている他人にはそうした現実が見えていないというもどかしさがある。

もし仮に目に見えない圧力があったことを知りつつ、「バカヤロー」と叫んだとしたら、遺族はそこに、さらに別の差別感情を読み取る。つまり、「私ならその程度のことでは死ななかったのに」というメッセージを突きつけられた気持ちになるからだ。さらに、「周りの迷惑を考えなかったのだろうか」という言葉には、「自分だったら、どんなに苦しくても、周りの人に迷惑をかける自死などしない」という、批判の気持ちさえ読み取れる。それは愛する者を失った遺族にとって死者に向けられた侮辱以外のなにものでもない。つまり「自死」＝「身勝手で、弱い人間がする愚かな行為」という気持ちが、そうした言葉を発した人たちの心の中にあり、それが遺族の心に突き刺さるのだ。

「自死した人間は弱く、身勝手だった」。そう考える背景には、多くの人は人生の中で一度や二度、死にたいぐらい辛い場面を経験していて、それを乗り越えてきたという自負があるからかもしれない。そして、自分と自死者を隔てた境界線は、自分には「人生から逃げない」という強い気持ちがあったからだと考えているからではないだろうか。皆が皆、そうではないかもしれない。ただ、「自死」は「敗者」の行為であると考えている人が多いのだ。

そう考えるのは、ある意味無理からぬことかもしれない。普通なら生きる希望を失ってしまうような状況を強い心で乗り越えた人間に対して、「素晴らしい」と感動した経験は多くの人にあると思う。そうした心の強靱さは、人間の素晴らしさを示すひとつの指標かもしれない。ただ、ここで考えるべきことは、それでは困難に出会ったとき、それに押しつぶされてしまった人は「弱くてダメな人間」なのか、という問いである。それについて、私はこんな風に考えてみた。

例えばコップを床に落として割ってしまったとする。もし、床に落としたのがガラス製でなく、金属やプラスチック製のコップだったとしたら、おそらく割れなかったに違いない。ガラスはこうした素材に比べて衝撃に「弱い」という性質がある。それでは、壊れやすいガラスは食器として金属やプラスチックよりも劣っているのだろうか。多くの人が、食器に金属やプラスチックではなく、壊れやすいガラスや陶磁器を使い続ける理由は、ガラスには壊れやすいという欠点を差し引いて余りある長所があるからだと思う。ワインをアルミニウムやプラスチックのコップで飲んだとしたら、美味しいと感じるだろうか。会席料理をアルミニウムの皿に盛りつけて食べて、美味しいと感じるだろうか。

同様に、仮に自死した人がある種のストレスに対する耐性が弱かったとして、それをもって彼らを「弱かった」と結論づけてよいのだろうか。彼らの「脆さ」は、「優しさ」や「思いやりの深さ」など、人間の美しさと対になっていることが多いと私には思える。様々な要因で自死に追い込まれた人たちは「弱い人間」だったのではなく、他者を傷つける代わりに自分自身を追い込むことで問題を解決しようとした、「心優しい人」だったのかもしれない。もちろん、ストレスに強い体質をつくることは厳しい生存競争のある社会を生きてゆく上で重要なことだろう。だが、そうでなかったからといって、そのことで自死した人を非難したり見下したりするのではなく、我々がするべきは、一人の人間を「自死」するまでに追い込んだ状況こそを問うてゆくことではないか。

以前、ある学校のスクールカウンセラーからこんな言葉を聞いたことがある。

「いじめにあう子どもにはひとつの傾向があります。しっかり自分の考えを表明できないという特徴を持った子どもです」

多くの子どもを見てきたスクールカウンセラーの発言であるから、「いじめ」に対する対処法という意味では傾聴に値する意見かもしれない。だが、私たちが問題にすべきは、意見を表明できなかったというういじめられた側の落ち度ではなく、いじめる側の行為であることはいうまでもない。「自死」に対する考え方もこれと同じだと思う。自死した人を「弱かった」と切り捨てる強者の側に立った考え方こそが、学校での「いじめ」、職場での「パワハラ」、さらには社会的な弱者の抱える問題に対する無関心な態度を生み、結果として、多発する「自死」に対しても他人事であり続ける土壌になっているのではないだろうか。

第四章　精神医療と自死

遺族たちの証言

警視庁の調査によると、二〇一三年の自死者二万七二八三人のうち、「自死」原因のトップは健康問題で一万三六八〇人。実に、全体の半数以上を占めている。しかも、原因や動機が特定できたのが二万二五六人であることを考えると、自死原因の七割近くが健康問題ということになる。

「健康問題」と聞いてすぐに思い浮かぶのは、こんな状況ではないだろうか。癌など、不治の病であると宣告され、自分はもう助からないと絶望し、自死を決意する人。あるいは、長い闘病生活に疲れ果て、病の苦しみから逃れるために死を選ぶ高齢者の姿だ。ところが、この年から「健康問題」の内容をより詳しく公表するようになった。その結果、こうしたイメージが妄想に近かったことが明らかになった。二〇一三年に健康問題を理由に「自死」した一万三六八〇人のうち、およそ三分の二が、身体の病ではなく心の病だったのだ。

その内訳は、うつ病が五八三二人、統合失調症が一二六五人、アルコール依存症が二一〇人、その他の精神疾患が一三二一人となっている。「自死」と心の病がいかに深い関係にあるかが改めて浮き彫りになった。

今回、自死遺族たちの話を聞く中で、こんな気になる声を数多く聞いた。

「精神医療さえしっかりしていれば、子どもの命を救えたかもしれないし、自死する人の数は確実に減らせると思う」

統計の数値が示すように、自死する人の多くは亡くなる直前、うつ病、もしくはうつ状態に陥っていたケースが多い。実際、全国自死遺族連絡会の調査によると、自死者のおよそ八割以上が精神科を受診していたことがわかっている。誤解を恐れずにいえば、自死者の多くは死を選択する間際には、すでに正常な判断力を失っていた可能性が高い。となると、自死を防ぐためにはそうなる前の段階でどのように食い止めるかが重要になってくる。その鍵を握っているのが精神医療である。自死遺族たちの主張は、この精神医療に問題があるという内容だった。

初めてこの訴えを聞かされたとき、私はその意味をこんな風に解釈していた。人の心という極めて難しいものを扱うに当たり、日本の精神医療の水準、もしくは個々の医師の技量が未熟なんだなと。遺族たちの言葉には、もちろんそうした思いも含まれていたに違いない。だが話を聞くうち、彼らの一番伝えたいことはまったく別のところにあることがわかってきた。そして、それはとても恐ろしい現実に気づかせてくれるきっかけになった。

私の子ども時代、つまり今から四〇年以上前のことだが、「精神病院」に対して多くの人が持つイメージは、「恐ろしく、気味の悪い場所」というものだった。そして、家族の中に精神病患者がいることはとても恥ずかしいことで、絶対に他人に知られたくない秘密だった。身内の人間が精神病院のお世話になる事態に陥ったら、とにかくひた隠しにしようとする時代だった。いまでも精神病に対する差別や偏見は根強い。だが、自らが心の病であることを隠さない人も増えてきた。少なくともこの二〇年、日本人の精神病や精神病院に対する考え方や見方は大きく変化してきたと思う。

理由のひとつは、社会が複雑になり、ストレスによって心のバランスを失う人が身の回りに増えたことで、精神病は誰にでもなりうる病気という認識が広まったことだ。その結果、それまでは深刻なうつ病や統合失調症でもない限り、行くことのなかった精神科の扉を気軽に叩く人が増えたのだ。また、心と体が密接な関係にあるという研究成果から、一九九六年、「心療内科」という受診窓口が開設されたことも、精神病院の門戸を広げる上で一役買った。「病は気から」といわれてきたように、心因性の病気に着目し、治療を行うようになったのは画期的なことだったと思う。だが同時に、それによって、ごく普通の人々が精神科を受診し、向精神薬を処方される時代になったのだ。

もうひとつ、精神医療が大衆化した背景には、心の病が医学的な治療によって治せるという認識が広まったことだ。これは、これまで確固たる治療法が確立されておらず、医学界において常に異端扱いされてきた精神医療にとって、悲願ともいえる喜ばしい出来事だった。実際、向精神薬の進歩により、これまでは隔離する以外に方法がないと考えられていた重篤な統合失調症患者が社会で生活を送れるようになり、中には、会社勤めを再開できるまでに回復する人も現れた。その結果、精神病や向精神薬に対する世間の見る目も大きく変化していったのだ。

こうした変化によって、精神病患者に対する偏見が減ったのは良いことだと思う。だがその一方で、これまでカウンセリングなど、言葉やコミュニケーションを大切にしてきた精神医療が、急速に薬を偏重する医療に舵を切るようになってしまった。そして、精神医療、とりわけ日本人がかつては禁断の薬と考えていた向精神薬の持つ危険性が置き去りにされ、不眠時や不安を感じたとき、まるでビタミン剤でも飲むような感覚で気軽に向精神薬を服用する人が増えていったのだ。

心の病について考えたとき、最初に確認しておきたいのは、どんなに良い薬ができようと、薬による治療はあくまでも対症療法に過ぎないということだ。心の病を発症する背景には、多くの場合、社会的要因が介在している。仕事上のストレス、家族の歪み、生活苦や職場や学校の人間関係などだ。病気を本気で治したいと思ったら、薬はあくまでも補助的な手段であり、原因となっている社会的原因要因を取り除く必要がある。

　ところが、それは口で言うほど簡単ではない。そのためには専門家による長期にわたるカウンセリングをはじめ、手間と時間のかかる治療が必要になる。しかも、それをしたからといって必ずしも病気が改善するとは限らない。ところが、現行の日本の保険医療制度の下では、医師が長時間の診療に見合った報酬をもらうのはとても難しい。さりとて、保険外診療をして、仕事もままならない心を病んだ患者から高額の治療報酬をもらうのはさらに難しい。そこで、精神科の医師たちは短時間の問診で病状を判断し、その病気に見合った向精神薬を処方するという治療方法をとるようになっていった。

　もちろん、投薬治療によってある程度症状を押さえることはできるかもしれない。しかし多くの場合、根本的な治療にはなっていない。冒頭でお伝えした自死遺族たちの訴えは、そのことを伝えようとしたのだ、私はそう解釈した。だが、取材を進めてゆくうち、彼らが本当に訴えようとしていたことはさらにその先にあることがわかってきた。遺族たちが言わんとしていたことは、向精神薬は病気の治療に役に立たないばかりか、病状を悪化させている可能性があるという事実だった。そして自死遺族の何割かは、向精神薬を服用することによって、本来、「自死」するはずのなかった人が「自死」しているという確信に近い疑念を抱いていたのだ。

もし、それが事実だとしたら、それ以上のブラックジョークはない。なにしろ、自死者とその家族が最後に望みを託した精神医療によって、かけがえのない命が奪われたことになるからだ。この話を見ず知らずの人からいきなり聞かされていたとしたら、多くの人と同じように、私も即座には信じる気にならなかったかもしれない。しかし、自死者に寄り添い、元気な頃から自死するまでの様子をつぶさに見てきた遺族の言葉だけに重みがあった。彼らは愛するわが子や妻や夫の「自死」に、向精神薬の関与を強く疑っていたのだ。

向精神薬が事件を巻き起こす

精神科で使う薬は一般に「向精神薬」と呼ばれている。近代医療における向精神薬の歴史は一九五〇年代に始まるとされている。一九世紀末頃から、激しい興奮症状や統合失調症の幻覚を押さえる薬として、モルヒネ、ブロム剤、バルビツール酸などが使われてきた。しかし、これらは治療というより、患者を眠らせることによって鎮静させるためのもので、死の危険もある強い副作用を伴う劇薬だった。つまり、一九五〇年代以前は、精神病を薬によって治療するのは事実上、不可能だと考えられていたのだ。

　一九五二年、パリのサンタンヌ精神病院の医師、ジャン・ドレー医師とピエール・ドニカー医師が、八名の統合失調症患者にクロルプロマジンという薬を投与したところ、症状が改善した。それが、精神科薬物療法の出発点といわれている。これまで、隔離や収容しか治療法がないといわれてきた謎の病気「統合失調症」が、これにより脳の病気であることが証明され、投薬による治療への道が開かれたのだ。その後、向精神薬は、有効性や副作用の軽減などを主眼に改良が重ねられ、現在に至っている。

　現在、治療に使われている代表的な向精神薬としては不眠時に使われる「睡眠薬」、うつ病や気分が沈んだときに服用する「抗うつ薬」や「抗不安薬」、統合失調症の治療薬「抗精神病薬」、そのほか、「抗てんかん薬」、躁と鬱を繰り返す双極性障害に用いられる「気分安定薬」、ＡＤＨＤ治療に使われる「精神刺激薬」などがある。それらは、抗うつ薬のように、第一世代から第四世代まで分類されていたり、同じ種類の薬が製薬会社ごとに違う製品名で販売されているため、薬品の種類だけみてゆくと数百種類に及ぶ。

　しかし実際には、向精神薬の種類はさして多くはないという。精神病の投薬治療は、いわゆる「モノアミン仮説」という学説を前提につくられている。モノアミン（mono-amine）とは化学物質であるドーパミン、ノルアドレナリン、アドレナリン、セロトニン、ヒスタミンなど神経伝達物質の総称で、分泌されるモノアミンの量が精神疾患と密接な関連があるという考え方の上に成り立っている。例えば、ドーパミンの量が増えると気分が高揚し、興奮状態をもたらし、それが統合失調症と深い関係にあると考えられている。また、セロトニンという物質は興奮を抑え、穏やかな気持ちにさせる物質として知られている。このセロトニンやノルアドレナリンが低下しすぎると、気分がふさぎ込んだり、不安になったりするためうつ病になると考えられている。

向精神薬による治療とは、これらの脳内物質を薬によってコントロールすることで病状を押さえることだ。確かに、脳内物質をコントロールすることで、精神疾患の症状を抑えられるケースがあるのは事実のようだ。だが、まず確認しておかなければならないのは、モノアミン仮説はあくまでも「仮説」に過ぎないということだ。つまり、医学的に確たる根拠が見つかっていない治療法なのである。もちろん、薬による精神病治療の歴史はそれなりにあり、科学的な根拠が証明されていないからといって、間違った治療法であるということではない。問題なのは、あたかもこの仮説が客観的な事実であるかのように流布し、現在の精神医療の大半が脳内の神経伝達物質の量をコントロールすることで治療しようとしていることなのだ。

市販の風邪薬を例にとれば分かりやすいかもしれない。風邪薬は咳や喉の痛み、頭痛や発熱などの症状を緩和してくれる。だが、「風邪」という病気を根本的に治療してくれる薬でないことも同時に知られている。それでも私たちは、熱を下げたり、頭痛を抑えたりという対症療法によって会社を休まずに済んだり、つらい症状をいっとき緩和してくれれば良い、という気持ちで服用している。向精神薬が病気の根本治療に役立たないとしても、現在の症状を緩和してくれることで生活しやすくなるのなら、服用することはひとつの方法だと思う。

ただし、このとき忘れてはならないのは、向精神薬の持つ副作用の危険性である。主な副作用をあげれば、消化器系、肝臓、内分泌系、そして筋肉などに強い影響があり、その結果、肝機能障害や心筋梗塞、甲状腺や婦人科系の障害、さらにアカシジアやパーキンソン様症状などのリスクが高まるとされている。だが、向精神薬の副作用の中で最も注意しなければならないのは、当然のことながら脳へのダメージである。簡潔に表現すると、向精神薬は薬物によって脳内物質をコントロールするのが主な働きである。そのため、これらの薬を長期にわたって服用することで、これまで自律的に行われてきた正常な脳内物質のコントロール機能が失われてしまう可能性があるのだ。

その結果、本人の意思とは無関係に気分が高揚し、急に攻撃性が増したり、本来、鎮静効果があるはずの向精神薬によって、逆に衝動性が増したりすることもあるという。こうした攻撃性が外に向けられると暴力事件に発展することがある。一方、攻撃性が自分自身に向けられたときは自傷行為となり、その行き着く先に「自死」がある。その結果、向精神薬を開発し、一足先に治療に導入してきたアメリカや西ヨーロッパの国々では、向精神薬をめぐる数え切れない数の訴訟が起こっているのだ。

銃社会、アメリカの恥部をえぐったマイケル・ムーア監督のドキュメンタリー映画『ボウリング・フォー・コロンバイン』。一九九九年に発生したコロラド州にあるコロンバイン高校銃乱射事件を題材にした作品だ。二人の高校生が突如凶暴になり、教師一人と一二人の生徒を射殺し、その後、自死するという、銃社会の恐ろしさを浮き彫りにした事件だ。事件を起こした高校生たちはクラスメイトからひどい「いじめ」を受けていて、その報復として仲間に向けて銃を乱射したと考えられている。

その殺害動機はともかく、犯人を身近で知る友人や遺族にとって、優しく内気だった青年たちが、なぜアメリカ犯罪史上に残る残虐な事件を起こすことになったのか、どうしても理解できなかった。犯人の一人、エリックの遺体を検死した結果、体内から大量のフルボキサミンが検出されたのだ。いじめによって精神的に不安定になっていたエリックは、精神科医からフルボキサミン（製品名「ルボックス」）を処方されていたのだ。

フルボキサミンをはじめとするＳＳＲＩと呼ばれる抗うつ剤は、従来の向精神薬よりも副作用が少ないということで、当時アメリカで主流になっていた薬だ。確かに、身体に対するダメージは軽減されたともいわれるが、ＳＳＲＩ系の薬物には重大な欠陥があった。二四歳以下の若者に投与した場合、攻撃性や衝動性を増すケースがかなりの頻度ででることが治験で明らかになっていたのだ。実際、それまでにもＳＳＲＩによって引き起こされたと思われる凶悪事件が多数報告されていた。仲間の豹変に疑問を感じていたクラスメイトや犠牲になった生徒の遺族たちは、この薬が事件を起こした主原因だと確信し、被害者や遺族によるルボックスを販売しているソルベイ社の告訴に発展したのだ。

全米が注目したこの裁判の結果からいうと、アメリカの司法はルボックスの服用と銃乱射事件の明確な因果関係を認めなかった。しかし、裁判を通じて若者にＳＳＲＩ薬品を投与した場合の危険な実態が次々とあぶり出され、ソルベイ社はアメリカでのルボックスの販売を中止せざるをえないところまで追い込まれたのだ。ちなみに、日本でも、二〇〇一年、大阪府で小学校の児童に対する無差別殺傷をおこなった、いわゆる池田小学校事件で死刑を宣告された宅間守がＳＳＲＩ系の向精神薬を所持していたことがわかっている。そのほかにも、川崎でマンションの一五階から子どもを投げ落とした事件や、西鉄バスのバスジャック乗客刺殺事件、長崎で少年が駐車場から幼児を投げ落とす事件、さらには、会津若松で母親の首をのこぎりで切断して殺害した事件など、当時起こった多くの猟奇的事件に向精神薬の関与が疑われている。しかし、こうした危険性が認識された後も、薬品に対する安全基準が厳しいはずの日本で、同型の向精神薬は普通に使われ、患者に投与され続けているのだ。

SSRI系の抗うつ剤の中でも、最も危険性が高いといわれている薬品に、一九九二年、イギリスのグラクソ・スミスクライン社が開発した「パキシル」という抗うつ薬がある。依存性が強く、特に若者に投与した場合、自死をおこす危険性や攻撃性を高める可能性があると指摘されている薬だ。しかし販売当初は、従来の向精神薬より依存性が低く、効果が高いとのふれこみで、瞬く間に市場を席巻していった。

ところが、発売当初から不可解な事件が数多く起こり、訴訟が頻発した。二〇〇一年、WHOがパキシルが製薬会社のうたい文句とは違い、依存性の極めて高い薬物であることを公表、それに続いて、大手メディアや研究機関などが、製薬会社によるデータ改ざんや実験データの隠蔽を次々に暴き出していった。そして二〇〇八年、ついにWHOがうつ病に効果がないことを実証し、二〇一二年、アメリカ司法省はグラクソ・スミスクライン社に対して若年層の自死リスクを含む危険性の隠蔽などに対し総額でおよそ三〇〇〇億円の損害賠償の支払いを命じたのだ。

ところが、そんな世界の流れとは無関係に、日本ではその後も「うつ病」、「パニック障害」などの薬として使われ続けている。そればかりか、WHOがうつ病に効果がないことを実証した翌年の二〇〇九年、「社会不安障害」の治療薬としても認可されている。もちろん、「パキシル」は薬害の象徴に過ぎない。多くの向精神薬に、多かれ少なかれ、深刻な副作用があることが指摘されているのだ。

薬害訴訟の現実

「向精神薬の多剤大量処方さえやめれば、日本の自死者数が一万人は減るのではないでしょうか」

そう訴えるのは、妻の自死をきっかけに、日本ではひた隠しにされてきた向精神薬の危険性を訴え続けてきた中川聡さん（54）だ。

中川さんは二〇〇五年、最愛の妻・一美さん（当時36）を向精神薬の薬物中毒で失った。ＩＴ企業を立ち上げたばかりの中川さんは仕事に追われ、妻が寂しさから睡眠障害に陥っていることに気づかなかった。一美さんが中川さんに内緒で精神科を受診したのは一九九七年のことだったという。最初に処方されたのは、不眠で悩む多くの人が処方される少量の睡眠導入薬と抗不安薬だった。ところが、当然のことながら、原因が取り除かれないまま薬を飲み続けていても、症状は改善されない。

ちなみに欧米の基準では、向精神薬による治療は効果の有無にかかわらず、最長三週間から四週間でいったん中止しなければならない。長期に服用すると依存症になったり、副作用が出る可能性が高いからだ。ところが、日本では添付書類に記されているこうしたルールが守られていない。そればかりか、睡眠を促すため、処方される薬の量が次第に増やされていったのだ。そして、亡くなる前の年、二〇〇四年一一月には、処方される薬の量が、一日に一三種類四〇錠にも膨らんでいた。心の病に縁がない人は、一三種類、四〇錠と聞くと驚くかもしれない。しかし、こうした異常な投薬治療は日本の精神医療の世界では常態化しておこなわれているのだ。

その結果、一美さんの足がふらつき、夜もトイレまで歩いていけずにおむつをして寝るようになっていた。中川さんも妻の異変を心配し、周囲にも相談したが、病院に通って治療を受けているのだから、それ以外にやりようがないと自分に言い聞かせた。しかし、二〇〇五年一月、病状は改善されないまま、中川さんが朝目覚めると妻の一美さんはベッドの中で息を引き取っていた。死因がわからず、中川さんは妻の遺体を司法解剖に委ねた。驚いたことに、死因は「薬物中毒」だと告げられた。

断っておくが、中川さんの妻は自死を目的に大量の薬を一気に飲む、いわゆるオーバードーズをしたわけではない。医師から投与された薬を規則正しく飲んでいた結果、薬物中毒死したのだった。中川さんは改めて妻の薬手帳を調べてみた。その結果、七種類もの睡眠薬をそれぞれ許容量の二倍も処方されていたことを知る。当時、向精神薬に対して知識がなかった中川さんは、詳しい事情を知りたいと妻の通っていた病院を尋ねてみた。すると医師は不在で、訪れた患者に対し、事務員が診察もせずに薬を渡している光景を目撃したのだ。

その後、中川さんは妻が飲まされていた薬が、現在流通しているベンゾジアゼピン系の睡眠剤と違い、女優のマリリン・モンローが服用していたのと同型で、大量に服用すると死に至る可能性のあるバルビツレート酸系のものだったことを知る。中川さんが医師にその事実を指摘すると、医師はなんのてらいもなく、「重い睡眠障害の人は、これだけの量を飲んでも眠れないケースがけっこうあるんですよ」と答えを返してきたという。

医師の無責任な態度に激しい怒りを覚えた中川さんは独学で、向精神薬についての勉強を始めた。その結果、今回のような悲劇が自分の妻だけに起こったことではないことを確信したのだ。中川さんは医療事故として裁判に訴える決意をした。しかし、そこには大きな壁が立ちはだかった。日本には裁判を戦えるだけの向精神薬についての知識を持った弁護士が一人もいなかったのだ。中川さんは弁護士抜きに裁判を戦う決意をし、向精神薬の勉強に没頭した。だが、それは茨の道だった。

第一に、病院も公的機関も向精神薬を投薬した患者がその後どのような人生をたどったのか、いわゆる追跡調査を一切おこなっていなかったのだ。そればかりか、投薬した薬の情報開示もきちんとなされていなかった。そのため、実際には向精神薬の薬害で苦しんだり、命を落とした患者がいたとしても、症状悪化の原因が投薬治療そのものだったと気づかず、遺族は病気の自然悪化によるものと考えていたのだ。

向精神薬に関する情報の大半はブラックボックスの中だった。そのため、一人でこの問題と戦うのは不可能だと考えた中川さんは、一人でも多くの被害者の声を聞きたいと考え、「精神医療被害連絡会」を立ち上げたのだ。すると、瞬く間に会員数が増え、二〇一五年現在、メールによる会員も含めると二〇〇〇人を超えている。全国には中川さんと思いを同じにする人がたくさんいたのだ。彼らの声を通して向精神薬薬害の実態が少しずつ明らかになっていった。それは想像をはるかに超えるものだった。

二〇一〇年、中川さんは満を持して、併用禁忌の向精神薬を処方する過失で中毒死させたとして、妻の薬を処方した医師に約七四〇〇万円の損害賠償を求める訴訟を起こした。数々の資料を提出し、最高裁まで争った。しかし、二〇一四年、医師の処方した投薬の量が不適切であったことは認められたものの、大量処方と死の関係については立証できないとして敗訴が確定したのだ。日本社会の根幹にかかわる多くの重要な裁判がそうであるように、今回もまた、司法は事実を一定程度認めながら、決定的な判断を回避したのだ。

「ご存じでない方も多いと思いますが、年間、二万人近くの人が精神病院で亡くなられています。一番安全な場所のはずの病院でこれだけの人が亡くなるのは、おかしいでしょ。しかも、精神疾患というのは命に別状のある病気ではないのですから。ほとんどが、うちの妻同様、薬害によって命を落としていると私は考えています」

身近にある恐怖

数ある向精神薬の副作用の中で、看過できないもののひとつに「自死企図」という症状がある。「自死企図」とは読んで字のごとく、自死を企てることで、本来は「自死」リスクがほとんどなかった人が向精神薬を飲んだがために自死したいという欲求が生まれ、実際に自死しようとすることだ。これは主に若年層に見られる症状で、特にＳＳＲＩ系の向精神薬「パキシル」を未成年に投与した場合、四パーセントにこうした症状が現れるというデータがある。向精神薬が原因と思われる度重なる自死企図から、幸運によって一命を取り留めたという女性の話から始めたいと思う。

大野照美さん（38）。大野さんはかつて、大手ＩＴ企業でエンジニアとして働く、第一線のキャリアウーマンだった。二〇代で主任に昇進、将来を嘱望されていた。二九歳の時、会社の同僚と結婚、兵庫県に高級マンションを購入し、人もうらやむヤングセレブの暮らしを満喫していた。ただし、仕事は激務を極め、せっかく購入したマイホームにも帰れず、最愛の夫ともすれ違いの日々が続いた。そんなある日、夫からそろそろ家庭に入ってくれないか、と打診された。もちろん断ることも可能だった。しかし、大野さん自身、現在のような暮らしを続けていては、何のために結婚したのか分からないという気持ちもあった。生活費は夫の収入だけで充分だった。そしてなによりも、大野さん自身、そろそろ子どもをつくりたいと思っていたのだ。大野さんは一大決心をして仕事を辞めることにした。

いざ仕事を辞めてみると、仕事が生き甲斐だった大野さんにとって、離職は想像以上に大きなストレスがあった。だが、それ以上にショックな出来事があった。検査の結果、子どもができづらい身体であることが判明したのだ。それでも、いつも前向きな大野さんは一縷の望みを託し、不妊治療に励んだ。そんなある日、以前から確執があった姉から喧嘩の際、心ない言葉が浴びせられた。「産まず女《め》」という言葉だった。それ以来、大野さんは気持ちがふさぎ込むようになる。その様子を心配した夫が、精神科の受診を勧めてきたのだ。元気で前向きで、精神科だけは無縁だと思っていた大野さんにとって、それもまた大きなショックだった。精神科の受診を躊躇する大野さんに、夫は「その考えは古いよ」と一笑に付した。

「昔と違って、最近では心療内科というのもあって、みんな悩み相談に行くような感じで気軽に受診しているんだよ。ちょっと通ってみて、もし役に立たないと思ったらやめればいいだけだよ」

夫の心遣いが伝わってきた。大野さんはそれで気持ちが楽になるのなら、と精神科を受診することにしたのだ。

そのとき診察に当たった医師は大野さんの話を聞き、「うつ病の入り口ですね」と言って、睡眠導入剤と抗不安薬を処方してくれた。薬を飲むと猛烈な眠気に襲われた。しかし、効果はそれだけだった。大野さんの気分が落ちこんでいたのにははっきりした理由があった。仕事を失ったことによる喪失感、子どもができないかもしれないという不安、そして、姉との確執だった。こうした根本原因を解決しないまま薬を飲み続けていても症状が改善されないのは、ある意味当たり前のことだった。結局、その病院には数回行っただけで足が遠のいた。ただ、「うつ病の入り口ですね」という医師の言葉だけが、大野さんの脳裏にこびりついて離れなかった。「自分は病気なんだ。このままではうつ病になるかもしれない」という恐怖が大野さんを次第に追い込んでゆく。

実は、大野さんのようにきちんとした理由があって気持ちがふさぎ込む場合、「うつ病」ではなく「悲嘆」と呼ばれ、精神医療の世界ではこれまではっきりと区別されてきた。「悲嘆」を解消するためには投薬治療ではなく、ストレスを与えずにのんびりと過ごし、自己治癒を待つことが一番だといわれてきた。ところが最近、精神医療の世界で、「うつ症状」と「うつ病」の境界が曖昧になってきている。

病名を付けられたことで、大野さんの心に波紋が広がっていった。なんとしても元気になりたい。その一心から、大野さんは夫に仕事を再開したいと申し出たのだ。実は、これは最悪の選択だった。大野さんのような状態に陥った場合、何よりも大切なことはストレスを減らし、じっくりと心の回復を待つことだからだ。しかし、大野さんはその逆の道、新しい環境に身を投じることで心の病と闘おうとしたのだ。夫も、仕事を再開することで少しでも病気がよくなるのなら、と快諾してくれた。元々、高い能力とスキルを持っている大野さんは、すぐに大企業に再就職が決まった。その会社では、エンジニアとしてのキャリアを生かすことができる上、仕事量も以前とは比べものにならないくらい少なく、大野さんが考える理想的な職場だった。問題のひとつが解消し、大野さんは次第に元気を取り戻していったかのように見えた。

しかし、不妊の問題は解消されないままだった。夫が子どもを切望しているのを知っていた大野さんは、夫に対する申し訳なさもあって悶々と悩み続けていたのだ。そして、そのことを考えるたびに、姉の心ない言葉が頭の中でリフレインした。そのときの気持ちを大野さんはこう振り返った。

「これまでは、努力すれば必ず道は開けるという信念で生きてきました。たとえ失敗したとしても、それは自分の努力が足りなかったからで、もっと頑張れば必ずなんとかなると考えていたんです。でも、不妊の問題は全く別でした。自分の努力ではどうにもならない問題に初めて直面して、たぶん、打ちのめされてしまっていたのだと思います」

次第に元気をなくしてゆく自分に気づき、自分はやっぱりうつ病なのかもしれないと思うようになった。落ちこんでゆく大野さんを見て、夫は再び精神科通いを勧めるようになった。病院も薬も役に立たないと感じていた大野さんだが、「うつ病」という言葉の呪縛が頭を離れず、夫の申し出を断り切れなかった。大野さんは以前とは別の病院に行くことにした。現在の状態を訴えると、今度はきっぱり「うつ病」と診断されたのだ。そして、病気を治すために本格的な投薬治療が始まった。

こうして、人生が奪われた

通院を始めると薬の量は瞬く間に増えていった。それに呼応するように、心の病もどんどん重くなっていった。だが、大野さんは「病気が重くなっているのだから、薬の量が増えるのは当然だ」という医師の言葉を信じ、薬を飲み続けた。薬の影響で頭がボーッとし、職場の階段から転げ落ちたことも何度かあった。これまで考えられなかった仕事上のミスもするようになった。いつしか、「自分はダメな人間だ」と思うようになっていった。自傷行為が始まったのもこの頃からだった。リストカットを繰り返し、腕は傷だらけになった。「死にたい」という衝動が抑えられなくなり、多量の向精神薬を一気に飲み、何度も病院に運ばれた。致死量の向精神薬を飲んだこともあった。そのときは幸運にも、薬を飲んだ直後、電話に出ない大野さんを心配した友人がすぐに家を訪ね、救急車を呼んでくれたため一命を取り留めた。

もはやこれ以上仕事が続けられないと考えた大野さんは、会社に退職願いを出した。しかし、大野さんの能力と人柄を高く評価していた会社は退職届を受理しようとしなかった。そして、「休職扱いにするから、その間に病気をしっかり直し、直ったらすぐに会社に戻って来てほしい」と言われ、給料を払い続けてくれた。だが、病状はその後も悪化の一途をたどった。冷静沈着で、生まれてこの方、決して感情を爆発させたことがなかった大野さんが衝動的になり、夫との些細な行き違いにも暴力をふるうようになった。思い通りにならないと食器を投げつけ、近所に響きわたる大声でわめきちらした。このとき、病気のせいで自分は全く別人になってしまったんだ、と寂しく感じたのをぼんやりと覚えている。

ある日、友人と電話をしているとき、ふいにいやな取引先のことを思い出した。すると怒りがこみ上げてきた。そして電話を一方的に切ると、そのまま自宅マンションの三階のベランダから飛び降りた。それが二度目の決定的な自死行為だった。このときも、運良く二階のベランダの柵に引っかかり一命を取り留めた。そのほかにも数々の奇行を繰り返したことで、近所の住民たちからは頭のおかしな人と怖れられるようになっていた。それでも、かつての大野さんを知っている友人や夫は献身的に支えてくれた。

そして、三度目の大きな自死未遂が起こった。夫とドライブしているとき、ちょっとしたことから口論が始まり、大野さんは「死んでやる」と叫ぶと高速で走る車の助手席から飛び降りたのだ。このときも運良く、頭蓋骨の一番硬い部分が最初に縁石に当たったため、一命を取り留めた。しかし、頭部内出血の重傷で何日もの間、生死の境をさまよった。この事件が夫との別れになった。献身的だった夫は、「これ以上、君を支えられない」と言って、家を出て行ってしまったのだ。

愛する夫、高収入、家、友人、すべてを失った大野さんは孤独の中、生活保護で暮らすようになっていた。向精神薬の副作用と思われる手足の痺れ、肝臓や婦人科系の機能障害などが生じ、日常生活を送るのもたいへんな状態だったという。どん底に落ち、もはやこれまでだと思ったとき、大野さんは、自分の人生がどこで狂ってしまったのかと冷静に考えてみた。そして、自分の人生を狂わせたのは向精神薬だったのではないか、という確信にたどり着いたのだ。

その日から、大野さんの断薬との戦いの日々が始まった。それは想像を絶する苦しい戦いだったという。不眠を訴えると、精神科に限らず、どこの科でも気軽に処方されるサイレースというポピュラーな睡眠剤があるが、この薬の依存性は、日本では所持しているだけで有罪になる麻薬、コカインより強いことがわかっている。だが、それは一例に過ぎない。サイレースに限らず、長期服用した向精神薬をやめるのは至難の業なのだ。脳内物質の分泌の自律性が失われてしまったことで、不眠や臓器不全からくる体調不良や妄想、悪夢、自死願望にさいなまれる日々が続いたという。

数ヶ月に及ぶ拷問のような日々に耐えた。すると、薬物が徐々に身体から抜けていくのがわかったという。そしてある日、大野さんの頭の中は霧が晴れたようにクリアになった。

その途端、長い眠りから覚めたように正気を取り戻した。すると今度は、いままで自分はいったい何をやってきたのだろう、という深い自己嫌悪にさいなまれるようになった。ただ、すでに薬物の影響下から脱していた大野さんは、どんなに苦しくても自暴自棄になることはなかった。そして、かつてのように冷静に打開策を考えられる自分に戻っていた。

大野さんは少なくとも三回の自死企図を幸運によって生き延びることができ、向精神薬薬害の貴重な証言を語ることができた。大野さんの離脱症状との戦いは三年たった今も続いている。手足のしびれなどの後遺症が続き、自死しようとしたときの悪夢はしばしば蘇り、恐怖に眠れない夜もあるという。それでも、薬が身体から抜け、自分本来の心を取り戻せたという手応えだけが生きる励みになっている。

「とにかく、私のような犠牲者を一人でも減らしたいと思っています。向精神薬がすべて悪だというつもりはありません。ただ、医療関係者には危険性を知った上で、慎重に使ってほしいと願っています」

向精神薬をめぐる闇

大野さんの話を聞いたあとも、向精神薬の薬害について疑いを持っている人は少なくないと思う。この事実を初めて聞かされたとき、私もそうだった。まず普通に思うのは、それほど危険があるのなら、日本の厚生労働省が放置したままにするはずがないという思いだ。また、精神科医たちだって、それほどの危険があるのなら、慎重に投薬してくれているはずだ、多くの人はそう考えるだろう。だから、大野さんの主張は本人の思い込みに過ぎず、実際には治療に当たった精神科医の見立てどおり、大野さんを襲った数々の奇行や自死の企ては病気が悪化した結果だったのではないか、そう考えたとしても不思議はない。

しかし、欧米ではこうした事例は多数報告され、多くの研究機関が、それが向精神薬による薬害であることをすでに立証している。そのため、使用においては厳しい基準が設けられていて、基準に違反した投薬をして問題が起こった場合、ほぼ確実に訴訟になり、そのほとんどで製薬会社が負けている。例えば、先にお伝えしたＳＳＲＩ系の代表的な抗うつ剤「パキシル」を生産しているグラクソ・スミスクライン社についていえば、二〇〇九年までに少なくとも四〇〇〇億円以上の賠償金を支払っている。その内訳は、一五〇件に及ぶ自死に対する訴訟では一件につき平均で二億四〇〇〇万円。三〇〇件の自死未遂については一件につき三六〇〇万円。三二〇〇件の依存症に対しては一件につき六〇〇〇万円、出生異常に対して三〇億円、その他、反則金や弁護士費用などだ。

ところが、中川さんのケースからもわかるように、日本では充分な証拠があっても、行政も司法も向精神薬の薬害は認めないという暗黙の了解があるかのように、向精神薬の薬害訴訟で原告が勝つことはまずない。その結果、日本では訴訟も滅多に起こらないこともあって、向精神薬の薬害問題に対する国民の関心が極めて低いのだ。

それでは、医師たちは向精神薬の危険性をどこまで認識しているのだろうか。現役の精神科医である増田さやか医師に話を聞いた。増田医師はこれまで、いわゆる三分間診療を避け、患者と対話することで彼らの悩みに向き合ってきた。また、医療関係者の勉強会があれば積極的に参加し、新しい治療法を吸収しようと努力もしてきた。その増田医師がこう切り出した。

「恥ずかしい話ですが、医師になったときも、その後も、向精神薬に対する疑いはまったく持っていませんでした」

増田医師が精神科医を志したのは中学時代、「犯罪者は、元々、犯罪を犯す素質を持って生まれてくるのだ」という話を聞いたとき、それに疑問を感じたのがきっかけだった。そして、犯罪者がなぜ罪を犯すに至ったのか、知りたいと思ったのが精神医療の世界に興味を持ったきっかけだという。だから、とりあえずエリートである医者になりたいという理由で大学の医学部を目指す人が多い中、増田医師は精神科医になりたくて、医療の道に進んだという。

「医学部は理系ですが、精神科医を志す人はどちらかというと文系の人が多いのではないでしょうか。私もそうだったので、人間の心の問題にはとても興味がありましたが、薬の知識など、化学の方面はあまり得意ではありませんでした」

ところが、時代は急速に向精神薬に頼る治療法に舵を切ろうとしていた。大学では、向精神薬の危険性など一切伝えないまま、向精神薬を使うことを大前提にした授業がおこなわれていた。科学が得意でない増田医師は、薬の複雑な化学式を覚えるだけで四苦八苦したという。そんなこともあり、向精神薬の薬害問題にまでは考えは及ばなかったという。また、教授たちや医療現場で働く先輩たちも、向精神薬を使う治療に対して何の疑いももっていないように思えたという。そうした中で抗精神薬に疑いを持つことはとても難しく、たとえ何かがおかしいと感じたとしても、それは先輩たちが積み上げてきた業績や技術を否定することにもなりかねない。そんなこともあって、多くの医学生たちはこの問題に向き合う機会のないまま医師になっていくという。

もちろん、医師に渡される薬品の注意書きには、それぞれの薬の効能と同時にリスク、つまり副作用も記されている。だから、医師が危険性をまったく知らないわけではない。ただ、向精神薬に限らず薬には副作用がつきものだ。まして、向精神薬の副作用はあまりに多岐にわたっているため、いちいち気にしていたら使うことなどできなくなってしまう。

また、書面を読んだだけでは副作用の内容はわかっても、それがどのくらいの頻度で起こり、どのくらい重大な結果をもたらすかはわからない。

それでも真面目な医師は、製薬会社から送られてくる治験結果や有名雑誌に掲載される論文にも目を通している。増田医師も数多くの勉強会に出席し、専門誌に発表される論文も時間のある限り目を通してきた。だが、そうした場で得られる知識の多くは、新薬に関するポジティブな情報や、従来からある薬の新しい活用法などで、薬の危険性についてはこれっぽっちも触れられなかったという。増田医師はその理由を、製薬会社が主要な専門家たちには研究費などの形でかなりの金銭援助をしているからではないかと考えている。そんな風に、医師たちは向精神薬の薬害に気づきづらい環境に置かれているというのだ。

もちろん、薬害の存在に気づき、それを伝えようとした医師や研究者も少数ながらいる。だが、そうした論文は大スポンサーである製薬会社に配慮して、雑誌やマスコミで取り上げられることはほとんどなく、人目につかないまま消えてゆく運命にあるという。少なくとも一〇年ぐらい前まで、日本には向精神薬の危険性についての情報は皆無といってよいほどなかった。

とはいっても、医師たちにまったく責任がないわけではない。治療をしていれば、薬の効能に疑問を感じたり、副作用に気づく機会はあったはずだ。そんなとき医師たちは、すでに数多くの患者に投薬治療をしてきた手前、いまさら過ちを認めたくないという心理も働く。また、投薬を前提とした医療しか学んでこなかったのだ。急に薬に頼らない治療をしろといわれても、医師たちは何をしていいかわからない。そのため、気づこうとすれば気づけるかもしれないのに、あえて気づこうとしないという側面もあるのではないか、と増田医師は言う。さらに大きな問題がある。精神科医師の場合、投薬治療をやめることで職を失う危険が高いことだ。そんなこともあって、医師たちは薬害の問題と真剣に向き合おうとしていないという現実がある。

増田医師自身、投薬治療に疑問を感じたことはこれまでに何度かあった。しかし、病気が改善した人を見ると、薬が効いていると自分に信じこませようとしてきたという。また、症状が悪化したときも、それが薬のせいでなく病気が悪化しているからだと考えるようにしていた。そんな増田医師が投薬治療に疑問を感じるようになった出来事があった。

「何かがおかしい、と思うようになったのは、いまから一〇年ほど前、ＳＳＲＩと呼ばれる抗うつ薬や、同じ時期に販売された新型の抗精神薬を使うようになったときです。それまでは、自死したいという訴えをする患者さんがいても、こちらが時間をかけて話を聞けば、ほとんどの場合、気持ちが通じて自死を食い止めることができました。ところが、これらの薬を使うようになってから、私の言葉が相手にまったく届かず、そうこうしているうちに、突然、自死してしまう患者さんが増えるようになったのです」

そして、増田医師が投薬治療をやめることになった決定的な出来事があった。増田医師はかねてから、向精神薬という取り扱いの難しい薬物を内科や耳鼻科など、精神医療が専門でない医師が気軽に処方している現状を憂慮していた。そして、その危険性を訴えようと、向精神薬に関する様々なデータを集めることにした。そのとき、ひとつの事実に気づいたのだ。向精神薬の売り上げが伸びるにつれ、精神病患者の数が増えていたのだ。中でも衝撃的だったのは、自死者の増加と向精神薬の売り上げとの間に、驚くような相関関係があったことだった。

それまで二万人強で推移していた自死者が、一気に八〇〇〇人以上増え、三万人を突破したのは、一九九八年のことだ。一方、一九九八年まで一七〇億円程度だった抗うつ薬の売り上げが、ＳＳＲＩの登場で急増、二〇〇八年には一〇〇〇億円を突破し、二〇一二年には一三七七億円に達した。全体的に自死者の数が増えたことがすべて向精神薬薬害とはいえないが、それは偶然の一致とはとても思えなかった。向精神薬が病気の治療に役に立っていないばかりか「自死」を誘発しているかもしれない。

そうした疑念を持った増田医師は、長年使い続けてきた向精神薬を段階的に減らしてみることにした。また、新規の患者に対しては思い切って一切の投薬治療をおこなわず、必要に応じて、小麦粉などでつくられたいわゆる偽薬を使った治療に切り替えてみたのだ。するとそれによって病状が悪化した人はひとりもおらず、その結果、これまで投薬が効いていたと思っていたケースでも、実は、増田医師が真剣に悩みを聞いたことによって病状が改善していた部分が大きかったこともがわかったのだ。

だが、投薬中心の治療をやめてからの増田医師は針のむしろだった。勤務先の精神科病院ではまず、同僚の医師から煙たがられた。古くからの彼女の患者や新規の通院患者はまだよかった。ところが、入院患者は何人かの医師がチームを組んで見るケースが多い。その際、増田医師だけが投薬治療をおこなわないとなると、相互の連携がうまくいかず、そのために様々なトラブルが生じた。ただし、ほかの医師との意見の対立は、投薬治療をやめる以上ある程度は覚悟していた。増田医師を最も苦しめたのは現場のスタッフたちとの関係だった。

病院で使われる向精神薬は治療目的以外、入院患者の意識を鈍化させることで医療スタッフが患者を管理しやすくするために投薬されるケースも少なくない。また、減断薬を始めた患者は頭がクリアになる反面、心が不安定になることもある。そうなると、現場のスタッフ側からすれば、これまで以上に細かいケアが必要になるケースもあり、取り扱いが難しい存在になるのだ。それは、ギリギリの人数で多くの患者の世話をしなければならない医療スタッフに大きな負担を強いることになる。そのため、減断薬に反対する現場の看護師などから増田医師の治療に対する不満が続出し、結局、入院患者の担当を外されることになり、最終的には、勤めていた病院をも辞めざるをえなくなったのだ。こうした事態は増田医師に限らず、現在、日本の医療機関で投薬治療を拒んだ精神科医に起こっている厳しい現実なのだ。

その後、小さなクリニックでパートとして働くようになった増田医師だが、投薬治療をやめてから多くの気づきがあったという。

「重度の統合失調症患者などには投薬が有効だと思えるケースもあります。しかし、ほとんどの場合、投薬にはなんの効果もないことがわかりました。投薬治療をしていたとき、悪化することはあっても、完全に病気が治った人を見たことがありませんでした。ところが投薬治療をやめてから、完全に病気が治り、二度と病院に戻ってくることがないという患者さんもあらわれるようになったのです」

多剤、大量処方という問題

ここまで、向精神薬の問題点を伝えてきた。もちろん、向精神薬をすべて否定するつもりはない。向精神薬を服用することで、症状が改善されることがあるのは事実だし、投薬が根本治療にはならないとしても、風邪のように対症療法が必要なときもある。不安を和らげる薬の助けを借りて、人前に出る訓練を積むことで、対人恐怖症を克服できることもある。ただし、問題はその使われ方なのだ。

向精神薬による治療の問題点を整理してみる。まず最初にあげなければならないのは、向精神薬は脳内物質をコントロールするという高いリスクを伴う薬品であるにもかかわらず、その危険性に対する認識があまりにも希薄なことだ。それを改善するためには、まず厚生労働省など公的機関が、向精神薬を投与した患者がその後どんな人生を歩んだのかをデータ化し、真実をありのまま公表する必要がある。しかし、識者たちの再三の要請にもかかわらず、追跡調査はいまだにおこなわれていない。これは原発事故などによる低線量被曝が、人体にどのくらいのダメージを与えるのかというデータが、公には未だに存在していないことと同じかもしれない。この基礎データがないため、良い変化が現われれば「向精神薬が効いた」と称し、悪い変化が起こると「病状が悪化した」という妄言がいまだにまかり通っている。だが、知識のない一般人には、それに反証するすべがないのだ。

そして、日本の向精神薬治療の最大の問題点、それは多剤、大量処方にある。向精神薬の多くは欧米でつくられ、治験の結果、使用できる量の上限が定められている。その目安がどこまで信じられるかは別として、一人の人間が一日に浴びることの許される放射線量の基準が決められているのと同様に、一応、基準が定められているのだ。ところが、日本ではなぜかこの基準が守られていない。まるで暗黙の了解でもあるかのように、欧米の基準の二倍の量の処方が常態化しているのだ。

もうひとつ問題なのは、中川さんの妻が睡眠薬を七種類も投与されていたように、精神科医の多くが一人の患者に同型の薬を何種類も、しかも許容量の二倍ずつ処方していることだ。製品名が違っても、二社の風邪薬をそれぞれ規定量飲めば、結果として、規定量の二倍の風邪薬を飲んだことになるのは誰にでもわかることだ。中川さんの妻のケースのように、七種類の睡眠薬を規定の二倍ずつ飲んだら、一人の人間が許容する睡眠薬の規定量の一四倍の睡眠薬を飲んだことになる。イギリスの研究者が日本における多剤大量処方の実態を知って、「日本人は向精神薬の毒に対する耐性があるのか」と皮肉を言ったという。それほど異常な投薬の状況が常態化しているのだ。ちなみに、単剤が原則のアメリカやオーストラリアでは三種類の向精神薬を併用している人はゼロである。それに対して、二〇〇四年の日本での調査では、五〇パーセントが三剤以上の投薬治療を受けている。

向精神薬が持つ危険性についての認識が少しずつではあるが広がる中、二〇一四年、厚生労働省も重い腰を上げ、同型の薬は特別な事情がない限り、一度に二種類しか出してはならないという通達を出した。なぜ一種類ではなく二種類なのかは不明だが、大きな前進であったことは間違いない。ところがその通達から程なく（二〇一五年三月）、日本精神神経学会が認定する研修を受ければ三剤以上の投薬を可能にする、という不可思議な決定がなされた。そして、すでに七〇〇〇人を超える医師がその資格を取っている。せっかく設けられた規制はあっけなくリセットされてしまったのだ。

多剤大量処方と並んで、もうひとつ大きな問題がある。長期服用の問題だ。欧米では、統合失調症の薬としてポピュラーなベンゾジアゼピン系の向精神薬が使用できる期間は、おおむね二週間から四週間ほどに限られている。それを超えた場合、薬が効いていようといまいと、一旦、投薬をやめなければならない。なぜなら、依存性が強く、また、長期間投与することで脳や臓器に大きな負担をかけることがわかっているからだ。向精神薬の危険性が充分に認識されている欧米では、この規定に反して使用しつづけた場合の医師に対するペナルティは極めて重い。

ところが、日本ではいまのところ多剤大量処方は法律では裁かれない。その結果、日本では一〇年以上抗精神薬を飲み続けている人が多いばかりか、抗精神薬の依存症患者が相当数いると考えられている。それを反映するように、日本の精神科病院に入院している患者数はおよそ三二万人いる。そのうち入院期間が一年以上の人がおよそ二〇万人、一〇年以上でも六万五〇〇〇人にのぼる。ちなみに先進国では平均の入院日数は五〇日以下なので、日本は気が遠くなるくらいの精神病大国なのである。国は一一年前から、長期入院患者の地域移行の方針を掲げるが、長期入院はなかなか減っていないのが現実だ。そして、すでにお伝えしたように、全国の精神病院では毎年二万人以上が不審な死を遂げているのだ。

子どもたちが狙われている

このように抗精神薬による薬害に対する危機感が希薄な中、看過できない事態が進行している。すでにお伝えしたように、欧米諸国ではすでに向精神薬をめぐる訴訟が山のように起こっている。そして、その大半で製薬会社や医療機関が敗訴し、巨額の損害賠償を支払っている。すでに向精神薬は割のいい商売ではなくなっているのだ。だが、開発に莫大な投資をした製薬会社はすぐに生産をやめるわけにはいかない。また、すでに生産してしまった薬を消費しなければならない。そこで、薬害に対する基準が甘いアジア諸国にターゲットを絞り、これらを売りつけようとしているといわれている。その最大のお得意さんが、金持ちで向精神薬に対する規制が甘い日本なのだ。これは、アメリカではすでに失格の烙印を押された軍用機のオスプレイが、開発費用を回収するため日本に売りつけられたのと同様の構造かもしれない。その結果、日本では向精神薬の売り上げがいまだに伸び続けている。

それでは、向精神薬はいったいどんな場面で使われているのだろうか。

まず、新たなターゲットになっているのが高齢者たちだ。歳をとれば、誰でも心細くなったり、健康不安から鬱《うつ》っぽくなったりする。また、このようなご時世だから経済不安を抱える高齢者も少なくない。そんな気持ちが沈みがちな高齢者を狙った抗不安薬の投薬が常態化しているのだ。日本では精神科以外の科でも向精神薬を気軽に処方できる。そのため、内科やその他の病気で受診にきた高齢者が不安を口にした途端、抗不安薬が処方される仕組みになっているのだ。高齢者に向精神薬を投与した場合、パーキンソン病やアルツハイマーになるリスクが高くなり、また、ふらつきやめまいによる転倒の危険も増える。こうした危険性が顧みられないまま、相当数の高齢者が安易に抗精神薬を投与されているのだ。

また貧困に苦しむ人たちは、精神障害が原因で仕事に就けないことが証明されれば、生活保護が受けやすくなる。そこで、生活保護をうけるために向精神薬を飲み続けている人もいる。彼らは病院との関係を断ち切ってしまうと生活保護を打ち切られてしまう可能性があるからだ。そして薬を飲み続けているうち、深刻な薬害性の精神障害に陥るケースも報告されている。

そしていま、最も憂慮すべき事態は幼い子どもたちが向精神薬の市場になっていることだ。公立の小中学校をはじめとした教育機関では、ＡＤＨＤ（注意欠陥・多動症候群）やてんかんなど、落ち着きがなかったり、問題行動を起こしやすい子どもたちに気軽に精神科受診を促している。そして子どもたちは向精神薬を飲まされているのだ。医療経済研究機構と国立精神・神経医療研究センターの合同調査によると、ＡＤＨＤの治療薬に関して限ってみると、二〇〇四年から二〇〇八年の間に一三歳から一八歳では二・五四九倍、六歳から一二歳の小学生でも一・八四倍に投薬量が増えている。また、就学前の子どもに投薬されるケースも少なくない。薬害の知識が徹底されていないため、教員やスクールカウンセラーに悪意はなく、子どもたちのためと思って医療機関に受診させているケースが大半だ。

確かに落ち着きのなさや問題行動を押さえることで、そうした子どもたちが仲間はずれにされたり、いじめにあったりする危険が回避されることもあるかもしれない。また、そうした手のかかる生徒を抱える教師や教育機関にとっては負担軽減につながるため、問題行動のある子どもに精神科を受診させるということだ積極的に推し進められている。だだ、医療機関を受診することは多くの場合、投薬治療をすることを意味する。欧米の研究者の多くは、ＡＤＨＤについては投薬によって一時的に集中力を高められたとしても、長期的にみると病状の悪化を促す危険性が極めて高いと指摘している。つまり、こうした子どもたちに投薬治療をおこなうことで、教育関係者は助かるかもしれないが、長期的に見れば、与えられる子どもたちにとってはマイナス面の方が大きいというのだ。

向精神薬は、脳内物質を薬によってコントロールするという点においては覚醒剤と同じ働きをする。脳が未成熟な子どもであるほど薬の影響は大きいといわれている。そのため、投薬は攻撃性や自死リスクを高め、薬害性の精神病に移行してゆく危険性も成人より高いと考えられる。実際、投薬によって症状が悪化したとしか考えられないケースや、「自死」に至ったケースも少なからず報告されている。ただ、心身共に発展途上にある子どもの場合、投薬によって病状が悪化したり、「自死」が起こったとしても、抗精神薬との因果関係を立証するのは大人以上に難しい。また、投薬治療には基本的に親も同意しているため、我が子の病状が悪化したり、「自死」が起こったことに対して投薬の関与を疑ったとしても、投薬を承認した親自身に自責の念があるため、表沙汰になりづらいという側面もある。そのため、実態の把握が極めて難しいという事情もある。だが、関係者には投薬によるリスクを正確に把握した上で、慎重な対応が求められる問題であると思う。

第五章　責任と自死

「腹切り」と「特攻」

「日本では、自殺が文化の一部になっているように見える。直接の原因は過労や失業、倒産、いじめなどだが、自殺によって自身の名誉を守る、責任を取る、といった倫理規範として自殺がとらえられている」

そう指摘したのはWHO（世界保健機関）のホセ・ベルトロテ博士だ。

日本人の自死率が高い背景には江戸時代に武士がおこなっていた切腹、さらに第二次世界大戦中、アメリカ軍を恐怖に陥れた「神風」などの自爆攻撃に象徴されるように、生きることに絶望した結果の「自死」ではなく、自身の名誉だったり、他者を生かすための自己犠牲だったり、自死を求める社会的な圧力だったり、絶望以外の理由によって起こる「自死」が数多く存在し、日本社会には伝統的にそれらを尊ぶ文化があるという指摘だ。

例えば、日本独特の文化といわれる「切腹」という風習について考えてみる。自死するとき「腹」を切るのは、「腹部には人間の霊魂と愛情が宿っている」という古くからの考えが関係している、と新渡戸稲造氏は『武士道』の中に記している。日本語には、「腹黒い」、「腹が立つ」、「腹芸」など、精神性を表す言葉の中に、「腹」を使った語句が数多くある。だが、こうした考え方は日本独自のものではなく、元々中国にあったといわれていて、実際、かつては中国や韓国にも「切腹」の習慣があった。さらに腹を切るという所作のルーツを遡ると、太古の時代、身の潔白を証明するために内臓を取り出して占うという風習があったことが関係しているともいわれている。そうした文化が武家社会に受け継がれ、江戸時代に様式化された結果、日本独特の「切腹」文化になったというのだ。

近年、「切腹」は日本人の生活空間からは姿を消した。しかし、一九六九年に割腹自死を遂げた作家、三島由紀夫のように、今でもときおりおこなわれていて、「切腹」の精神性は薄まりながらも、日本人の中に脈々と受け継がれているように思える。

例えば、ヤクザが責任を取る際、小指を詰めるという行為にも、「腹切り」の精神が継承されている。問題を起こし、その償いとして小指を切って渡されたところで、被害を被った相手にはほとんどメリットがないと思われがちだが、小指を切ることでドスを握る力が弱まることから、相手に対して戦意がない、つまり、降参したことを示す意味があるそうだ。だがそれ以上に重要なのは、ヤクザの社会で信頼を得るためには、いつでも命を捨てる覚悟があるという姿勢を示す必要があり、激痛を伴う「指を詰める」という行為は、その精神を示す行為なのである。

日本の「切腹」を、ヨーロッパ社会で伝統的におこなわれてきた「決闘」と比較してみると興味深い。命をもって名誉を守るという精神は、「切腹」と「決闘」に共通している。ただし、ヨーロッパの「決闘」の起源は、中世の裁判において、真実がはっきりせず、人間である裁判官に白黒がつけられないとき、神の声を聞くためにおこなわれたのが始まりだという。その根底には、神が正しい人間の命を奪うはずがない、という思想がある。つまり、ヨーロッパ社会には「生き残ること」＝「善」という考え方があり、公式の裁判とは別に、「決闘」で白黒をつける風習は二〇世紀初頭まで続いた。

一方、日本人には、「生き残ること」＝「善」という考え方は皆無に近い。「負けるが勝ち」という言葉があるように、武士にとって、戦って相手に殺されたら負けであるが、自ら命を絶てば負けにはならない、という不思議な考え方がある。つまり、身の潔白を証明するために自らの命を絶つ勇気が、武士社会という共同体の中で評価を得ることによって、生き残った相手に後ろめたさを感じさせ、結果として勝利するという考えだ。一神教の世界では、かつては神に生け贄を捧げることが忠誠心の証であったが、日本の武士道の世界では、自分の命に執着しない精神性こそが最高の人格だと考えられてきたのだ。そして、そうした考え方は、いまも日本人の中に脈々と受け継がれているように思える。つまり、生き残った者を正義だとするヨーロッパに対し、日本には、命に執着せずに自分の信念を貫いた者こそが正義だという価値観があるのだ。

こうした精神的風土が、第二次大戦中の「特攻」にも受け継がれたのではと思う。家族や仲間を救うため、死を覚悟で戦うという行為は世界中に普遍的にある。ところが、一〇〇パーセント助からないことを前提にした作戦というのは、世界でも極めて珍しい。自爆テロが問題になっているイスラム原理主義過激派においても、組織的な自爆テロ部隊というものはいまのところ存在しない。神以外、人の命を勝手に奪うことができない、という考えがあるからかもしれない。従って、自爆テロにも自由意志が介在する。自由意志を一切封じ、決定に逆らったら合法的に罰せられるという国家による自爆作戦は、少なくとも近代戦において、第二次世界大戦の日本以外に見あたらない。

経営者はサムライ

「中小企業の経営者の自殺は、まるで武士の切腹のようです」

初めて会ったとき、こう私に語ったのは、二〇〇二年、秋田県で自死対策のＮＰＯ法人

「蜘蛛の糸」を主催する佐藤久男さん（72）だった。

実は、秋田県は自死率が高い東北地方にあっても際だった存在で、内閣府によると、一九九五年から二〇一三年まで、一九年連続して自死率全国トップという不名誉な記録をつくった県である。さらに過去を遡ると、一九九三年と一九九四年に二度だけ新潟県にトップの座を明け渡しているが、その前の六年間も自死率トップをひた走ってきた。つまり、この三〇年間、常にトップ争いを演じ続けていたことになる。とりわけ、自死数がピークだった二〇〇三年には、全国の一〇万人当たりの自死者数が平均二五・五人だったのに対し、秋田県は四四・五人、男性に限ってみると、なんと六七人という、信じられない高さを記録したのだ。

ところが、日本政府が有効な自死対策が打てないのを尻目に、秋田県は二〇〇九年から年々、自死者の数を減らし続け、ピーク時に五一二人いた自死者の数を二七七人にまで減らしたのだ。つまり、数年間で自死者の数をほぼ半減させたことになる。その結果、二〇〇六年の自殺対策基本法成立以来、全国の自治体が自死対策にしのぎを削ってきた中、「秋田モデル」として脚光をあびたのだ。その立役者が佐藤久男氏だった。

秋田県の自死率が突出して高かった理由については様々な研究がある。よく挙げられる理由としては、寒さ、それに加え、曇天が多く日照時間が少ないなどの気候的要因だ。また、美容院の数が人口に比して全国で一、二を争うことに象徴されるように、見栄っ張りで享楽的な県民性も指摘されている。つまり、宵越しの金を持たない人が多いため、不景気や事業失敗など、ひとたび経済的な問題が起こると、とても脆い財政体質なのだという。また、そうした享楽的な面を持つ一方、厳しい雪国で暮らしてきたことによる生真面目な性格も、自死リスクを高める要因といわれている。もちろん、秋田県の自死率が高い背景には、恒常的な貧困があるのは疑いの余地がない。そんな風に、自死率日本一の背景として、様々な要因が挙げられているのだが、最終的には、専門家たちにも決定的な要因は特定できていない、というのが実情のようだ。

そんな中、佐藤さんは秋田県で自死者が多い理由をこう考えている。自死が複合的な要因で起こることを考えれば、指摘されたこれらの要素は、すべて自死率の高さと無関係ではないが、最大の原因は別のところにあるという。終戦直後から一九七〇年代ぐらいまでのデータを見る限り、秋田県の自死率は全国で二〇番目あたりだった。つまり、決して自死の少ない県ではないが、特に自死率が高い県でもなかった。その理由は、比較的に豊かな土地柄だからだ。秋田は米を筆頭に、海産物、天然杉、さらには金や石炭、石油などの地下資源も含め、自然の恵みが豊かな土地だ。もちろん、米が不作の年には、農家の暮らしは大変だった。しかし、日本が第一次産業に頼っていた時代、秋田県はそれなりに経済的にも豊かで、人々はそれなりに豊かな暮らしを享受できていた。

ところが、日本の工業化が進むにつれて状況は一変する。これまで秋田県の豊かさを支えてきた第一次産業を中心とした産業構造が、経済の足を引っ張ることになる。日本の工業化が進んだ一九七〇年代以降、東北各県はじめ、宮崎県や新潟県など、第一次産業の依存率が高い県ほど、自死率の高い県の上位に名を連ねるようになってゆく。また、東北地方でも、リンゴづくりで有名な青森県やサクランボづくりで名を馳せた山形県のように、同じ一次産業でも、時代の変化に対応し、換金作物の生産へとうまく転換できた県は比較的、自死者の数を抑えられているのだ。

だが、秋田県はというと、なまじ稲作王国だったばかりに米づくりに固執した。そのため産業転換が大きく遅れたのだという。その結果、米の価格の下落に伴い、県全体の経済が地盤沈下していった。それでも、小規模の農家は米だけでは暮らしが成り立たなくなったため、比較的早い時期に兼業農家に移行することができた。ところが、広い土地を所有する豪農といわれる家ほど、米の下取り価格が下がっても、米づくりに頼る生活を変えられなかった。そのため、真綿で首を絞められるように生活が困窮し、ある日突然、破産するということという家が続出した。豪農と呼ばれる家々は地域の名家であることが多いため、プライドも高く、破産という不名誉な事態がそのまま自死リスクに結びついたと考えられる。

さらに、農家をはじめとした第一次産業従事者の所得の低迷は、県全体の購買力を押し下げた。その結果、地場産業が大きな打撃を被り、倒産の危機にさらされた。こんなふうに県全体が貧しくなっているにもかかわらず、元々豊かな土地柄だったため、県民の警戒心も薄く、享楽的な生活習慣から抜けきれなかった。そのため、破産する者が続出した。佐藤さんは、秋田県の自死率が高い要因をそんなふうに分析している。それはあくまでもひとつの見方かもしれない。だが、長年自死予防にかかわってきただけに説得力を感じた。

ニワトリの頭になりたい

自死予防のＮＰＯ法人を立ち上げるに当たって、佐藤さんがまず注目したのは、自死者の二割近くを占める自営業者の自死だった。そこには、佐藤さん自身の人生も深く関わっている。実は、佐藤さん自身、ＮＰＯ法人「蜘蛛の糸」を始める前は、年商一五億円を超える会社の社長だった。従業員数は最大で五五名、秋田県で有数の規模を誇る不動産を中心とした会社を経営していたのだ。

佐藤さんは七歳のときに父親と死別している。はっきりした理由はいまも知らされていないが、事業に失敗した末の「自死」だったと確信している。父親は秋田県で手広く事業を展開していて、佐藤さんの家は父親が事業に失敗するまではそれなりに裕福だった。だが父親の死後、一家は極貧の生活を余儀なくされた。勉強が好きだった佐藤さんは成績も優秀だったこともあり、東北大学を目指したこともあった。しかし、家庭の事情から、高校卒業後、生活の安定を求めて秋田県庁に就職した。配属された先は福祉事務所の生活保護担当員だった。そこで、生活保護で暮らす人々の生々しい生活の現実を目の当たりにした。そのときの体験が、現在のNPO活動にも繋がっていると佐藤さんは考えている。

何事も全力投球する佐藤さんは、役所の仕事もバリバリこなし所内の評判も高かった。だが、佐藤さんには起業家だった父親の血が流れていた。たった一度の人生、「牛の尻尾になるくらいなら、ニワトリの頭になりたい」というのが譲れない理想だった。そこには、事業で失敗し、自分たちに苦労をかけた父親を見返してやりたいという思いもあったという。結局、二六歳で県庁を退職、知人の紹介で不動産鑑定の会社で仕事をすることにした。

やる気と馬力のある佐藤さんは、経営者の右腕として会社を牽引した。当時、秋田県の不動産鑑定の仕事は、大手銀行の不動産鑑定部門が六割以上のシェアを握っていた。しかし、佐藤さんは誠実な人柄と地道な営業努力で次々に顧客の心をつかんでいった。気がついたら大手銀行を押さえ、シェアの六割を獲得する秋田一の不動産鑑定会社に育て上げていたのだ。佐藤さんの給料は会社の業績に合わせて上昇、瞬く間に高給取りになった。

「その会社でずっと働いていれば、今頃は悠々自適の暮らしができていたと思いますね」

そう振り返る佐藤さんだが、生来の「ニワトリの頭になりたい」という性格は押さえられなかった。一九七七年、三四歳のときに会社から独立して不動産会社を立ち上げた。念願の「ニワトリの頭」になったのだ。佐藤さんの会社は飛ぶ鳥を落とす勢いで成長していった。一口に中小企業の社長といっても規模も社風も様々だ。中小企業の社長と聞いてすぐに思い浮かべるのが、映画『男はつらいよ』で故・太宰久雄氏が演じたタコ社長かもしれない。今回、取材で中小企業の経営者たちに会って気づかされたのは、会社の規模にかかわらず、一国一城の主になろうと志す人は、男気があり、夢やビジョンを持ったバイタリティ溢れる人物が多いということだった。つまり、「自死」とは一番遠いところにいる人、というのが率直な印象だった。佐藤さんもそんな人物の一人だった。

佐藤さんの会社も何度となく苦境に立たされたことがあった。しかし、そのたびに持ち前の発想力と、運を味方につける勘の良さで乗り切ってきた。一九九一年、日本のバブル経済は崩壊した。景気が冷え込み、佐藤さんの会社も大きなダメージを受けた。しかし、内部留保がたっぷりあったため、なんとか持ちこたえることができた。そして、捲土重来の機会を狙っていた。振り返ってみれば、バブル経済崩壊以降いまに至るまで、日本経済は実感として上向きになったことはなかった。しかし、当時の多くの経営者は、景気はいつかよくなると信じて強気の経営を続けていた。佐藤さんも例外ではなかった。

一九九七年から一九九八年にかけて、日本の自死者数は一気に八〇〇〇人増え、三万人を突破した。佐藤さんは、このとき日本経済の大きな転換期が来たのではないかと考えている。佐藤さんの会社のように、内部留保があった中小企業はバブル崩壊をなんとか持ちこたえた。だが長引く不況の中、内部留保をすべて吐き出したのがちょうどこの頃で、この時期に自死者が増えたのではないかと佐藤さんは考えている。佐藤さんの会社も資金繰りに行き詰まった。だが、金融機関の信用と預金残高にはまだ余力はあった。その時点で会社の規模を縮小して守りに入っていれば、あるいは倒産を免れたかもしれない。しかし、ビジネス手腕に自信のあった佐藤さんは、不況を脱する時期は間近だと考え、勝負に出てしまったのだ。そして、これまで手がけたことのない住宅建設や住宅販売の仕事に進出することで、一気に挽回を図ったのだ。

不動産業者としてのこれまでの信用から、初年度は四〇件を超える受注があった。これは、新規参入の小規模な建設会社としてはとてつもない快挙なのだという。しかし、拡大路線を取れば取るほど競争相手も大きくなっていった。住宅販売という土俵で戦うには、ミサワホーム、積水ハウスといった全国区の大企業を相手にしなければならなかった。新規参入した業界でノウハウに乏しい佐藤さんの会社は、コスト競争で次第に苦戦を強いられるようになる。しかも、頼みの景気は一向に回復しない。次第に借金だけが膨らんでいった。

これまでどんなに苦境に立たされても、冷静に状況分析さえできれば、打開の方法は必ずあるという信念で会社を切り盛りし、実際、その通りになってきた。しかし、そのときは違った。受注価格が下がり続けるので、仕事をいくらこなしても借金だけが膨らんでしまうのだ。そして、ついに、にっちもさっちもいかなくなってしまった。それまでの佐藤さんは、経営に失敗するのは経営者の努力不足が原因だと思ってきた。しかし、このとき初めて、努力ではどうにもならないこともあることを思い知らされた。万策尽きた佐藤さんの会社は、二〇〇〇年九月、三八二四万円の不渡り手形を出して倒産した。負債総額は八億円にのぼった。佐藤さんはそのとき、「これで俺の人生も終わった」と思ったという。

経営者にとって、心血注ぎ込んできた会社を失うことの辛さは、会社経営を経験した者にしか分からない。睡眠時間を削り、家庭も顧みず、人生の大半を会社経営に費やしてきた。佐藤さんには、どうしても、「倒産」という現実が受け入れられなかった。

「経営者にとって会社を潰すということは、会社だけでなく、お金、地位、名誉、信用、仕事、そしてプライドまで、人生のすべてを失うことなんです」

これまでの自分の人生は何だったのだろうか。そう考えると、生きているのが空しくなった。秋田県でも有数の社長だった佐藤さんは銀行の支店長室に自由に出入りができた。銀行に行けば、すぐに支店長室に通された。ところが、借金の残務整理のために銀行を訪れると、窓口で手続きをさせられた。「挨拶だけでもさせてほしい」と頼んだが、決して中には通してくれなかった。そのとき、「倒産」という現実の厳しさを身をもって実感したという。プライドがズタズタになった。

精神的に辛かったのは破産後の残務整理だった。うつ状態になった佐藤さんは、何度も「死にたい」という誘惑にかられた。道を歩いていると、木の枝にブラ下がっている自分の姿が見えたこともあった。幻覚だった。幻聴も聞こえるようになった。どこからともなく、「死んだら楽になるよ」という声が聞こえるのだ。死にたいという気持ちと生きなければという気持ちが心の中で交錯し続けた。このとき少しでも歯車が狂っていれば、佐藤さんも自死した多くの自営業者同様、この世に存在しなかったかもしれない。

佐藤さんをこちら側に踏みとどまらせたのは、まず、事業で失敗して自死した父親の存在だった。「自死」がどれほど残された家族を不幸にするか、身にしみて知っていたからだ。また、佐藤さんは万が一倒産したときのために、家族に無駄な苦労を背負いこませないようにと家族を連帯保証人にしていなかった。厳しい取り立てのある、いわゆる町金融からも一切借金をしていなかった。

「もし、家族に借金の負担がかかったり、厳しい取り立てで追い詰められていたら、多くの経営者同様、自死することで手に入る保険金で、借金を返そうという考えが頭をよぎったかもしれませんね」

だが、最終的に佐藤さんの「自死」を食い止めてくれたのは家族の愛情だった。父親の悲壮な姿を見ていた長女が、「自死」を迷っている佐藤さんの気持ちを見抜き、「お父さん、もし自殺なんかしたら、絶対にお墓参りには行ってあげないからね」と、釘を刺してくれた。それが、とどめになった。

ひとまず「自死」の危険は遠ざかったものの、うつ症状は相変わらず続いていた。自分はダメ人間だ。その思いがぬぐいきれなかった。そんな折、経営者として一目置いていた知人が倒産を苦に「自死」したのだ。その知人は、エネルギッシュな上に堂々としていて、「武士のように立派な人物だ」と常々尊敬していたのだ。真面目に働き、地域経済の活性化に多大な貢献をした人物が、たった一回の失敗で、何で命まで奪われなければならないのだろうか。そう思ったとき、激しい怒りがわいてきた。そして、地域の経済を支えている中小企業の経営者を決して犬死にさせてはいけない、そう思うようになった。会社を経営し、倒産の苦しみを経験している自分には、犬死にする中小企業の経営者の命を助ける手助けぐらいならできるかもしれない、そう思ったとき、佐藤さんに第三の人生のビジョンが浮かんだ。そして二〇〇二年六月、自死予防のNPO法人「蜘蛛の糸」を立ち上げたのだ。

第三の人生は「自死予防」

NPO法人を立ち上げた佐藤さんだが、自死対策に関してなんのノウハウもないため、はじめは失敗の連続だったという。

「会社の社長というのは、人にあれこれ指図するのが仕事でしょ。でも、自殺予防の仕事はまったく逆なんです。相手にできるだけ話をさせて、本人自身が気づくまで待つ。そうしない限り何も動かないんです。そのことは頭ではわかっているつもりでした。でも、はじめのうちは、その待つという行為がどうしてもできなかったのです」

NPO法人を立ち上げた当初、佐藤さんのもとにやってきた相談者が、この人は自分の人生を託せる人ではないと見切って、離れていくという経験を何度もした。長く会社の経営に携わってきた佐藤さんには、相談者の表情を見れば、自分が信頼されているかどうか、すぐに分かったという。なんとか相談者の信頼を得られるようになるまで、五年の歳月を要した。

佐藤さんが試行錯誤の中で体得した自死予防のポイントはいくつかあった。まず、相談者が話をしたいと思ったとき、迅速に対応できる体制をつくることだった。日を置いてしまうと気持ちが醒め、せっかく相談に乗っても無駄になることが多かった。そこで、多くの自死予防のＮＰＯ法人が相談日を決めているのに対し、「蜘蛛の糸」は、毎日、相談に応じることにした。

また、電話相談だけでは限界があると感じていた。お互いに相手の目を見ながら話し、この人は信頼できると感じない限り、心を開いて話をしてくれない。相手がすべての情報を伝えてくれない限り、正しい判断は下せない。そこで、緊急的に電話で受けつけるとしても、必ず間を空けずに会って話を聞くことにした。

そしてもうひとつ重要なことは、じっくり時間をとることだった。すでに述べたように、相手が自分自身で問題点に気づかない限り、問題は解決しない。そのためには時間を気にして、話し合いを仕切ってはうまくいかない。佐藤さんは最低でも二時間、相手の話を聞くことにした。それでも答えが出なければ、日を改めて何度でも話を聞いた。そうすることで、相手も次第に佐藤さんに心を開くようになっていった。

そして、最も重要なことは問題を一人で抱え込まないことだと気づいた。佐藤さんはそのためのネットワークづくりを進めた。相談内容に応じて、医師や弁護士など専門家に委ねることにしたのだ。こうした地道な努力によって、「蜘蛛の糸」の評判は口コミで広がり、続々と相談者がやってくるようになった。それに呼応するように、自死者の数も少しずつ減りだした。そして、開始から七年後の二〇一二年、「自死者」の数はピーク時のほぼ半分にまで減った。しかも、佐藤氏さんが力を入れた自営業者の「自死」に限っていえば、なんと約七割減という信じられない成果をあげたのだ。その間に貸金業法等の改正で、上限金利の引き下げや収入の三分の一以上の貸付の禁止等により、全国でも多重債務が原因と思われる自死者は大幅に減少している。だが、秋田県ではその数値をはるかに上回り、自営業者の自死を限りなくゼロに近づけたのだ。

「国の自死対策が思うような成果が上がらない理由ははっきりしています。自死する原因は、ひとりひとり違っているんです。ところが国の政策は、これは仕方のないことかもしれませんが、効率よく成果を上げようとするあまり、個々の相談者の事情を把握せず、一律に同じサポートをしてしまうのです。それでは、自殺に至る問題の解決に繋がらないことが多いのです」

ＮＰＯ法人を立ち上げて以来、佐藤さんのもとを訪れた相談者の数はおよそ一〇〇〇人、延べ五〇〇〇回近くの相談を受けた。こうした激務をこなす中、過度の疲労で二回倒れた。

毎日、長時間にわたって重い話ばかりを聞かされ続けたことで、自分の辛かった体験が呼び起こされたことも一因だったかもしれない。それでも佐藤さんは相談を休まなかった。相談に訪れる企業経営者たちの姿に切腹する侍の姿が重なり、「自死を食い止めなければ」という強い思いがたぎったという。

佐藤さんの男気を示すこんなエピソードがある。佐藤さんの会社が倒産したとき、受注を受けた何軒かの家が建築途中だった。倒産し、資金が底をつけば、資材調達ができなくなり職人も雇えなくなる。当然、工事はそこで終了だ。依頼主が他の会社を探して工事を継続するにしても、これまでつぎ込んだ金はほとんど無駄になってしまう。佐藤さんの依頼客の一人に、こつこつと貯めた資金でマイホームを持つことを夢見ていた若夫婦がいた。佐藤氏は彼らの思いを踏みにじることができなかった。そして、本人に会いに行き、ある秘策を持ちかけた。

「別の工務店をご紹介しますから、そちらとの契約に切り替えてください。もちろん、工事は私どもが責任を持っておこないます。そうすれば、最初に契約した金額で家が建ちます」

依頼者は事情を理解し、話はまとまった。だが、そこには想像を超える困難が待ち受けていた。建設現場に債権者が押しかけてきて、木材など、せっかく購入したばかりの建設資材を持ち去っていってしまうのだ。佐藤さんはともすると「自死」しそうになる自分に鞭打ちながら、夜回りをし、資材を持ち出そうとする債権者と戦った。そして三ヶ月後、家は完成し、無事、依頼者に引き渡すことができたのだ。

「会社の経営を志す人はまず、何事に対してもポジティブです。弱音を吐いたり、後ろ向きの姿勢を見せたら、従業員は絶対についてきませんから。そして、私の知る限り、男気があり、面倒見の良い人たちばかりです。つまり、本来は『自死』とは最も遠いところにいる人たちなんです。ところがいざ倒産すると、彼らの美点が仇になってしまいます。家族や従業員に迷惑をかけないように、あるいは金を貸してくれた相手に対して責任を取ろうとしてしまうんです。中には、金銭的なことで迷惑をかけるぐらいなら、自分の命と引き替えに保険金で支払ってしまおうと考えてしまう人が少なくないのです」

それから、こう続けた。

「私が常々問題だと感じているのは、金融機関の姿勢です。金融機関は事業家に金を貸すとき、絶対に損をしないように自分たちは保険に入っているのです。そして、その上で借り手からも担保を取るのです。つまり、なんのリスクも取ろうとしないのです。こうした間接金融という仕組みのせいで、失われなくてもよい命が失われているのです」

贈与のための「自死」

かつて、金融機関は多額の融資をする際、経営者に保険加入を半ば義務づけていた。経営者の方も自分の会社が倒産するとは思っていない上、保険料は会社の経費から落とせるなどの理由から、大きな抵抗もなく保険に加入した。保険の多くは積み立て式なので資金難に陥ったときの運転資金や、第一線を退いたときの年金代わりにもなる。ところが、いざ会社が倒産すると、生命と財産を守るために加入したはずの保険が「自死」装置に変身するのだ。責任感の強い経営者であればあるほど、関係者に金銭的な迷惑をかけまいと生命保険で負債を穴埋めしようとする。

実は、佐藤さんも老後の蓄えにと一億六〇〇〇万円もの保険に加入していた。会社が倒産したとき、佐藤さんは真っ先に保険の解約をおこなったという。命と引き替えに借金を返すという誘惑を断つためだった。ところが、こうした保険の多くは融資とワンセットになっているものが多いため、いざ解約してお金を受け取ろうとするとほとんど残金がないということもある。佐藤さんの場合も二〇〇〇万円しか戻らなかった。

また、融資の際、連帯保証人を求める制度も中小企業経営者の保険金目当ての「自死」

を助長してきたといわれている。かつて、連帯保証人の多くは家族であったり、親友であったりした。連帯保証人は債権者から過酷な取り立てにあうことが少なくない。言わずもがなだが、男気のある経営者たちは自分を信用してくれた人たちに迷惑をかけたくはない。そこで、自らの命で負債を支払おうとするのだ。

高止まりを続けていた日本全体の自死者の数が、二〇〇九年をピークに減少に転じ、二〇一五年はピーク時と比べて一万人以上減った。顕著に減少したのは中小企業の経営者の世代にあたる五〇代の男性だった。その背景には、二〇〇九年からスタートした一連の金融改革があるといわれている。中でも大きかったのは、多重債務者を減らすためのグレーゾーン金利の廃止、そして、二〇一一年の東日本大震災を契機にスタートした、経営に関わらない第三者への連帯責任を追及してはならないという金融庁の通達だった。グレーゾーン金利の廃止によって、借金の利息が膨らみ会社が倒産するという事態が減り、さらに、家族や親友など、経営に無関係な第三者が倒産に巻き込まれづらくなったことで、命と引き替えに保険金で清算しようとする人が大幅に減った。

生命保険の歴史は一五世紀のヨーロッパで始まったとされている。それは、今の生命保険の概念とは少し違っていて、奴隷貿易が盛んだったヨーロッパで奴隷を積んだ船が遭難事故や事件に巻き込まれた際、失った奴隷の数に応じて規定額を支払うという形の保険だった。その後、様々な経緯を経て、生命保険が現在の形になったのは一八世紀のイギリスだった。ハレー彗星でその名を遺したエドモンド・ハリー氏が統計を元に、年代ごとの死亡リスクを算出し、それに応じた保険料を徴収し、死亡時に保険金を支払うという現在のビジネスモデルをつくったのだ。

日本でも生命保険は明治初期に導入された。しかし、「人の命で金儲けをするのはけしからん」という考えの人が多かったため、ビジネスとしては成功しなかった。当時の日本には相互扶助する社会があったことも保険制度が成功しなかった一因といわれている。最初に成功した保険は「徴兵保険」と呼ばれるものだった。それは死亡時にまとまった金を受け取るというより、働き手が徴兵されたことによる一家の暮らしを支えるためのもので、幼少時から保険金を積み立てておくと、徴兵期間中、保険会社から生活支援金を受け取れるという形の保険だった、現在の学資保険に近い形のものかもしれない。日本に現在のような生命保険のシステムが定着したのは第二次世界大戦後のことだ。戦争未亡人の働き場所のひとつとして、日本生命などでお馴染みの生保レディがその推進役を担った。そして、日本の核家族化と足並みを揃えるように、保険に加入する人の数は大幅に増えていったのだ。

日本で「自死」と生命保険の関係が最初に注目されたのは、一九七八年、俳優の田宮二郎氏が自死し、二億円という当時としては巨額の保険料を手にしたときだ。田宮氏は多額の借金を抱えており、借金返済目的の「自死」である可能性が高いといわれた。保険各社は、こうした保険金目当ての「自死」がおこなわれるのを防ぐため、免責期間というものを設けている。自死などいくつかの死に関して、加入から一定期間は死亡しても保険金を支払わなくてもよいという制度だ。日本における保険会社の免責期間は、戦時中から一九七一年までは二年間だった。ところが、経済発展により社会が安定したことや、自死の意志は一年以上持続しないという学術研究などを踏まえ、一九七一年以降は一年に短縮された。三〇年近く続いたこの規約に変更が加えられたのは一九九九年のことだった。

最大の理由は一九九八年問題、つまりこの年、自死者の数が一気に八〇〇〇人以上増え、三万人を突破したことだった。ある大手生命保険会社では、保険金支払額の中に「自死」が占める割合が、一九九五年の時点では九パーセントほどであったのに対し、一九九八年には一四パーセントにまで上昇した。また、その前年の一九九七年には保険会社七社が破綻している。最大の破綻理由は、資産を不動産として所持していたため、バブル経済の崩壊によって地価が下落したことだったといわれている。だが、保険各社は七社の経営破綻に自死者の増加も関与していると分析した。「自死」による保険の受け取り時期が、加入後一三ヶ月目、つまり、免責期間が切れた直後にきわだって多かったことなどから、保険金目当ての自死が少なくないと判断したという。

そして一九九九年、まず住友生命が免責期間を二年に延長し、他の生命保険会社がこれに追随した。だが、アメリカンファミリー保険などのいわゆる外資系の保険会社が免責期間を三年に設定したことで、大半の日本の生命保険会社もこれと足並みを揃え、二〇〇四年までに免責期間を三年に延長し、現在に至っている。この免責期間を巡っては自死の抑止に繋がると主張する生命保険会社と、自死差別に当たるという遺族などがいまも対立を続けている。

ある生命保険会社の二〇一〇年のデータによると、この前年、いわゆる保険金目当てで自死した人の数は、男性が一三四人、女性は一一人となっている。だが、この数字は遺書など明確な証拠があるケースのみで、氷山の一角に過ぎないというのが識者の見方だ。『贈与としての自殺』という論文を書いた山形大学の貞包英之教授の調査によると、一九九八年、自死による保険金の受け取り件数はおよそ一三万件あった。これは日本の全自死者の四倍にあたる数だ。理由は、自死した人が一人平均五件もの保険に加入していたからだという。日本人の平均保険加入率は一人平均一・五件。つまり、自死者の保険加入率は平均的日本人の三倍以上だったことになる。しかも、自死した人の多くは、死亡時にまとまった金額が受け取れるタイプの保険に加入していた可能性が高い。それが意味するものは、自死者が保険加入時に予め「自死」を計画していたとはいえないものの、自死する可能性も想定し、保険をかけていたのではないかというのだ。

強いられていた債務自死

それでは、実際にどのくらいの数の人が保険金目当てに「自死」をしているのだろうか。そこで浮かび上がってくるのが、「消費者信用団体生命保険」という保険の存在である。これはサラ金などから金を借りるとき、ほぼ強制的に加入させられる保険のことだ。住宅ローンなどを組むときの「団体信用生命保険」と名称が似ているため混同されがちだが、内容は大きく異なる。「団体信用生命保険」は住宅ローンの払い手が万一亡くなった場合、住宅を手元に残したまま、その負債を遺族が背負わないようにするために任意に加盟する保険のことだ。この保険の場合は遺族保護が目的であり、借金をする側の意思で加入し、受取手もあくまでも借り手である。

一方の「消費者信用団体生命保険」は、支払い手も受取手も貸し出す金融機関である。死亡時に保険金で借金が相殺されるという意味では、「団体信用生命保険」同様、遺族保護の役割も果たす。だが、真の目的は金融業者が貸し倒れになるのを防ぐための保険なのである。そして、この保険の最大の問題点は、金を借りる際の契約書には短く申し訳程度に記載されているものの、そのことが借り手に伝えられていないことだ。そのため、借り手は知らないうちに保険に加入させられていることが多いのだ。

この保険は当然のことながら、死亡しない限り保険金が支払われない。そのため、貸し手である金融業者が、返済に行き詰まった借り手を死に追い込む事件が多発しているといわれてきた。こうした指摘を受けて二〇〇六年、金融庁が実態調査をおこなった。すると、驚くべき結果が出たのだ。当時、およそ一四〇〇万人がサラ金などから金を借りていたが、なんと、そのうちの九六パーセントに当たる一三五〇万人がこの保険に加入していた。そして、加入者のうち五万人ほどが死亡し、保険金が支払われていたのだ。そのおよそ一割に当たる四九〇八件が「自死」だった。さらに衝撃的だったのは、五万人に及ぶ死者の半数以上の死因が特定できていないという異常事態が発覚したのだ。つまり、死因が特定できない人を統計からはずすと、死者の四人に一人が「自死」だったことになるのだ。普通に考えれば、それだけ大量の自死者がでるということは、「自死」に追い込むような厳しい取り立てのみならず、「自死」の強要さえもが疑われる。

この調査結果を受け、二〇一〇年、金融庁は遅まきながら、本人の同意なく生命保険に加入することを禁止する通達を出し、金融各社も「消費者信用団体生命保険」の利用を自粛することになり、事実上、この保険は使われなくなった。保険各社が自死目的の保険加入を問題にし、免責期間を延長した一九九八年当時はまだこの保険は利用されていた。つまり、保険業界で問題になった「一三ヶ月目の自死」を含め、保険金目当てと考えられる自死の中に、「消費者信用団体生命保険」による自死者が相当数含まれていたと考えられる。こうした事情を見る限り、保険各社は自死予防のために免責期間を延長したと説明しているが、自死者への保険金の支払いを抑制する目的の方がはるかに強いように思える。

ただし、免責期間が自死の抑止にまったく役立っていないかというと、必ずしもそうではない。「贈与としての自死」、つまり、まわりの人を借金地獄から救うために、自らの命と引き替えに保険金を受け取るという行為は現実に存在するわけで、三年というのが妥当かどうかは別として、一定の免責期間を設けることは無意味ではないのかもしれない。

ちなみに、諸外国の保険金支払いの免責期間について見てみると、今世紀に入って自死者が急増した韓国では、免責期間を従来の二年から一気に五年に引き延ばした。この長すぎる免責期間の延長には多くの批判が寄せられている。また、フランスは免責期間を二年に設定しているが、それが適用されるのは「保険金目的の自死」の場合だけであって、「自死」そのものには免責期間を設けていない。そして、「自死」であるかどうかの判定は保険会社に立証の責任があるが、「保険金目当ての自死」でないことは遺族が証明しなければならない。

日本の保険法では、「自死」には保険金を払われないとなっている。しかし実際の運用は、いまのところフランスとほぼ同じスタンスのようだ。つまり、免責期間内に起こった「自死」でも、それが心神喪失状態や精神障害など、意思能力のない状態での自死であれば、「自死」を病死のひとつととらえ、保険金が支払われるのだ。つまり、保険金目当てでないことさえはっきりすれば、保険金は原則支払われると考えてよい。ただし、遺書などから保険会社が保険金目当ての自死である可能性があると疑ったときは、遺族にとって、かなり厳しい事態になる。もし、保険会社が遺書の存在を楯に支払いを拒否したら、不動産をめぐる損害賠償と同様、身内の自死で強い精神的ショックを受けている遺族が裁判を起こさなければならなくなる。

また、生命保険は定期的に見直しがおこなわれることが多い。その場合、被保険者は継続したつもりだが、実際にはその時点で新たな契約が結ばれたことになっている。契約の見直しをした直後に「自死」した場合、免責期間中という理由で遺族が保険金の支払いを拒否されるということが度々起こっている。

いまのところ免責期間内でも、心の病による「自死」と認定されれば保険金が支払われているが、この支払いには法的な拘束力はない。もし、保険会社が支払いのスタンスをかえたら、免責期間の「自死」には一切、保険金が支払われなくなる可能性もあるのだ。

生命保険ができたことで、一家の稼ぎ頭を失った遺族の生活が一定担保されることになったのはよいことだと思う。だが同時に、命と引き替えに金銭を受け取るという自死装置ができてしまった。そうした中、「自死」には一切の保険金を払うべきでないという意見も根強くある。だが、借金の厳しい取り立てなどのよほどの事情がない限り、金と引き替えに命を絶とうとする人はそれほど多くはないだろう。つまり、保険に関係する「自死」を減らすためには、免責期間の長さを調節するより、金銭のために強要される「自死」を減らすことだと思う。

二〇一〇年に貸金業法等が改正されたことで、法案成立二〇〇九年の時点で一九七三人いた多重債務による自死者は、わずか四年間で六割以上も減って六八八人になった。これは日本政府がこれまでにおこなった自死対策の中で、最も効果があった対策だと思われる。ところが、せっかく廃止したグレーゾーン金利や貸出金の上限制度など、借金による「自死」を減らすための規制が、一定の条件を満たした貸金業者を「認可貸金業者」とすることで、再び復活させようとする動きがあるのだ。理由は、金利が低すぎることで貸し渋りが起こり、その結果、中小企業が借り入れできずに困っているからだという。しかし、全国の司法書士会など多くの専門家たちは、そのような事実はほとんど確認できておらず、法改正は、経営難に陥った貸金業者の背後にある金融業界の意向を受けたものだと強く反発している。もしそれが事実だとすれば、ここでも人命より経済が優先される日本の姿が垣間見られる。

第六章　高齢者と自死

「新幹線・焼身自死事件」から見えてくるもの

これまで、どちらかというと若者を中心に「自死」の現実をみてきた。しかし自死者の数だけをみると、六五歳以上の高齢者が圧倒的に多く、日本全体の「自死」の三分の一を占める。高齢者の自死率が高いのは日本に限ったことではない。希望の喪失が「自死」の大きな要因であるとするならば、当然のことかもしれない。歳をとることで失うものはあまりに多いからだ。企業人であれば、第一線を退くことによる喪失は収入だけでない。積み上げてきたキャリア、社会的地位、さらにプライドまでも失うことになる。また、長年連れ添った配偶者やかけがえのない友人に先立たれる喪失感は計り知れない。もちろん、健康面での喪失感もある。体力や運動能力の衰えはもちろんだが、中には病を抱え生きる人もいる。ただでさえ多くの喪失感を抱えて暮らす高齢者たちにとって、日本は思いやりのある社会だろうか。

日本で長く暮らす三〇代のミャンマー人女性に、「この先も、ずっと日本で暮らすつもりですか?」と尋ねたことがある。すると彼女はこんな答えを返してきた。

「日本は、若いうち暮らすにはとても楽しい国だと思います。でも、日本のお年寄りたちを見ていると、この国で老人にだけはなりたくないと思ってしまいます」

軍事政権が長く続いたミャンマーには、年金をはじめとした社会保障制度などないに等しい。また、医療水準も低く、日本では問題にならないような病気で簡単に命を落とす人がいる。それでも、彼女は日本社会を観察していて、この国の高齢者たちの「孤独」を感じ取っていた。

「ミャンマーではお年寄りがいると、親戚や近所の人など、色々な人が遊びに来て言葉をかけてくれます。子どもや孫、家族が集まるときはいつも輪の中心にお年寄りがいます。だから、寂しいと感じることがないのです」

私の知る限り、ミャンマーに限らず社会制度の整っていない発展途上国で、子どもが親の面倒を見ないという選択肢は存在しないし、子どもがいないお年寄りは、親戚の誰か、もしくは近所の人が面倒を見てくれるのが普通だ。長い間、そういう社会が営まれてきたのだ。儒教の影響が強く、家という制度を大切にしてきた日本人にも、かつては高齢者にはそれなりの敬意と心遣いがあったと思う。

いまから五〇年ほど前、私の子ども時代、東京においてすら地域にお年寄りだけの世帯があると、ときどき近所の人が様子を見に行って声をかけたりしていた。しかし、欧米的な個人主義が浸透する中で核家族化がすすみ、また、急速な経済発展と共に人々の暮らしが忙しくなったこともあって、高齢者を家族や地域がケアする習慣は次第に失われていった。それにかわって、欧米先進国のように税金を使って社会全体で高齢者の面倒を見る、福祉社会に舵を切っていった。そのどちらが高齢者にとって幸福な社会であるかは簡単に答えが出せない。ただ日本の場合、戦後になって形づくられてきた社会福祉のシステムが、現在、うまく機能していないように思えるのだ。

この原稿を書いているさなか、ひとつの大きな事件が起こった。二〇一五年六月三〇日、走る東海道新幹線「のぞみ号」の車内で、焼身自死がおこなわれたのだ。その男性は七リットルほどのガソリンをリュックにしのばせ、新幹線の先頭車両に乗り込むと、自らそれを被ってライターで火を放った。本人と巻き添えになった五二歳の女性が命を落とし、二名が重傷を負う惨事となった。原子力発電所に続き、日本の大動脈である新幹線の安全神話を揺るがすことになったこの事件に日本中が震撼した。

当初、事件には政治テロの可能性も指摘された。だが、犯行に及んだのは年金に不満を持つ七一歳の男性だとわかった。罪のない、無関係の女性を巻き込んで、多くの人に恐怖と迷惑を与えた事件の犯人は断罪されなければならないと思う。その一方で、この事件は、私たちにいくつかの問題を投げかけてきた。「高齢者の貧困」という問題である。ところがメディアは、犯人がいわゆるテロリストではなく、貧しく、どちらかというと人柄の良い普通の市民だったことがわかると、事件をあまり報じなくなり、この事件はあっという間に過去の出来事になってしまった。

その後、メディアでこの事件が取り上げられるときは、ＪＲと巻き添えになって亡くなった女性の遺族に支払われる巨額の賠償金というゴシップ的な話や、東京オリンピックを前に公共交通機関のテロ対策をどうするかなど、どちらかというと治安強化を進めたい政府に配慮した話題に終始し、そもそも、その高齢者が焼身自殺に至った背景など、本質的な問題はほとんど語られなくなってしまった。だが、多くの専門家が指摘するように、本人がどこまで意図していたかはともかく、「焼身自死」という行為には、強い抗議の気持ちが籠められていたはずだ。そして、その抗議には、三〇年以上も必死で働き税金を納め続けてきたにもかかわらず、受け取れる年金の少なさに対する不満が込められていたと思う。実際に長い間税金を払っていても、持ち家や貯蓄がなかったら、年金だけでは生活は苦しい。同じように困窮している高齢者は相当数いると思う。高齢者の貧困については、最近では『下流老人』がベストセラーとなった。

まずは事件を起こした林崎春生《はやざきはるお》容疑者の人生を振り返ってみる。

林崎容疑者は一九四四年、岩手県遠野市で生まれた。日本を代表する民俗学者、柳田国男の名著『遠野物語』で知られる町だ。林崎容疑者は地元の中学を卒業後、高校には進学せず、一五歳のときに集団就職で上京、京浜工業地帯にあった鉄工場で働き始めた。高度経済成長期、貧しかった東北地方は、日本発展の鍵を握る労働力の主要な供給地だった。林崎容疑者もこうした日本の高度成長を支えた名もなき戦士の一人だった。林崎容疑者には夢があった。それは歌手になることだった。いくつかの職を転々としたあと、三〇代になった林崎容疑者は飲み屋で流しの歌手をするようになっていた。北島三郎の「兄弟仁義」が十八番で、JR中央線、西荻窪界隈の飲み屋ではちょっと名の知れた流しだったという。

当時の彼を知る人たちは、真面目で良い人だったと口を揃える。酒好きで、お金が入ると仲間に酒を振る舞うこともあったが飲み方はいたって堅実で、周囲に気配りのできる人でもあった。飲み屋の草野球チームに参加していて、チームに欠かせないナインの一人でもあった。周囲からは彼に対する悪い話はほとんど聞こえてこない。歌手になる夢が破れ、せっかく見つけた居場所である「流し」という仕事も、カラオケブームの到来で需要がほとんどなくなってしまう。職を失った林崎容疑者は、その後、幼稚園の送迎バスの運転や解体工事など、職を転々としながらも必死で生活費を稼ぎ続けた。五〇代の半ば以降、借金を抱える暮らしになっていたようだが、それによって生活が立ちゆかなくなるというほどではなかったようだ。

六九歳になった林崎容疑者は空き缶回収の仕事に就いたが、一年足らずでやめてしまった。林崎容疑者は仕事を辞めた理由を、「体調があまり良くなかったので、空き缶を求めて走り回るのは体力的にきつかった」と周囲の人に漏らしていた。その後は、年金のみで暮らすようになっていたが、働く意欲は失せておらず、ハローワークなどでパートの仕事を探していたという。仕事をしていたときの給料は一八万円、年金暮らしになってからの受給額は一二万円だった。

林崎容疑者の生活から酒とパチンコが欠かせなくなったのが、いつからであるかは定かでない。ただ、そのせいもあって、かなりの借金を抱えるようになっていた。遺品の中には、消費者金融や個人宛ての借金の証書が二〇〇枚ほどあり、彼らの口座に毎月数千円から十数万円を払い込んでいたことも分かっている。その結果、一二万円の年金だけでは生活が立ちゆかなくなり、周囲には冗談とも本気ともつかぬ口調で「自死」をほのめかすようになっていた。そして六月三〇日、新幹線のぞみ二二五号の車内で自らガソリンを被り、自ら命を絶ったのだ。

林崎容疑者のたどった人生を振り返ると、日本の高齢者を取り巻く影の部分がくっきりと浮かび上がってくる。他人を巻き添えにした林崎容疑者の「自死」に、非難が集中するのは当然のことだ。ネットに溢れる林崎容疑者に対する誹謗中傷の中には、日本国民がこの事件に対して感じた多くの本音が書き込まれていた。国民の声が社会をつくってゆくことを考えたとき、こうした書き込みも看過できないと思うので、その点から話をはじめたい。

孤立化と「自死」

まず、圧倒的に多かったのが、「月一二万ももらっていて、何が不満なんだ」という書き込みだ。こうした声が上がるのは、ある意味、当然かもしれない。現在の国民年金の受給額は、満額でも林崎容疑者の受給額の半分ほど、およそ六万五千円しかないからだ。そして、この低額の国民年金しか受給できない人が日本には一〇〇〇万人もいるといわれている。しかも、その大半は、年金以外の収入がない状態だ。さらに深刻なのは、国民年金の受給者がすべて満額の六万五千円を受け取っているわけではないということだ。平均受給額は五万円、受給額が三万円に満たない人が一割もいるという。

こうした状況を考えると、林崎容疑者の一二万円という年金は確かに恵まれている。多くの人が指摘するように、それだけの額があれば一人の人間がなんとか生きていくことが可能だ。だが、一二万円という金額は、ひとたび病気になったり、不意の出費があれば、たちまち極度の貧困と隣り合わせの暮らしを余儀なくされる金額でもある。しかも、林崎容疑者がこれだけの額の年金が受け取れたのは、少なくとも三五年間、厚生年金も含めた年金をコツコツと支払い続けてきた結果だ。年金の月々の支払い額は、林崎容疑者のような低賃金労働者にとって、決して安くない額だったはずだ。それだけの努力をしておきながら、いざ歳を取って働けなくなったとき、ギリギリ生きていけるだけの金額しか受け取れないとしたら、日本の年金システムのどこかが間違っていると考えるべきではないだろうか。

ちなみに、林崎容疑者が暮らしていた東京杉並区における生活保護の平均受給額は、単身世帯の場合、住宅補助金を含めて一四万四四三〇円だ。しかも、生活保護受給者は、医療費や林崎容疑者を苦しめたという税金も一切かからない。「生活保護」というのは文字どおり、資産や生活手段を持たない人が日本で暮らしてゆくため、最低限の生活費を保障する制度である。長年、年金の積み立てをおこなってきた林崎容疑者が、自分の受け取れる額がそれを下回っていることに憤りを覚えたとしても、それは極めて真っ当な怒りではないか。

林崎容疑者の事件に対して、ある生活保護受給者が発した言葉が印象的だった。

「年金なんか、真面目に払うからバカをみるのさ。俺たちみたいに初めから払っていなければ、腹も立たないよ」

日本の年金の金額設定が低いのには理由がある。現在の年金制度ができたのは一九五九年のことだ。当時、日本の核家族化はまだ進んでおらず、しかも、サラリーマンの多くは正規社員で、終身雇用もほぼ約束されていた。そのため、老後は親族の支えが期待できる上、退職金などによる蓄えもそれなりにあるという前提があったからだ。また、平均寿命も今よりずっと短かったため、現役時代の蓄えだけで、亡くなるまでの生活費をまかなえる人が多かった。こうしたことを前提につくられた年金制度には、生活補助金という側面が強かったのだ。

ところが時代が変わり、一人暮らしの高齢者は二〇一一年の時点で五〇〇万人を超え（総務省「国勢調査」）、六五歳以上の高齢者の五人に一人以上が一人暮らしという状況になった。また、企業が正規社員を減らしてきたため、低賃金で貯蓄ができない上、退職金もない雇用形態で現役生活を終える人が増えている。そのため、年金の持つ意味合いが大きく変わっているのだ。ところが、日本の社会保障制度はそれに対応したシステムに変更できないまま、生活補助金程度の額しか支給できていないのである。

『下流老人』の著者で、NPO法人「ほっとプラス」の代表理事、藤田孝典氏によると、現在、日本には自力で生活ができない高齢者がすでに七〇〇万人ほどいるという。そして、このままのシステムを続けてゆくと、将来、九割の高齢者が明日の暮らしにも困窮する「下流老人」になる可能性があると指摘している。つまり、将来の日本では、多くの高齢者が貧困化し、餓死するかもしれないという恐怖に怯えながら、人生の最後を迎えることになる。低賃金の非正規雇用の労働者が増加すれば、この予測が近い将来、現実になることは容易に想像がつく。しかし、この問題について、政府はほとんど手を着けられないでいる。

また、林崎容疑者に対するバッシングの中で、「若い頃に貯金しておくべきだった」という声も少なくない。いわゆる「自己責任論」である。だが、林崎容疑者の年金の受給額から推察すると、中卒で、特別な能力もなかった彼の生涯賃金は、大卒で企業勤めした人の平均収入のおよそ半分しかなかったと考えられる。働いても働いても、収入の大半は日々の生活費で消えていったに違いない。

もちろん、爪に火を点すようにして暮らせば、わずかな貯蓄はできたかもしれない。だが、経済大国の日本の底辺で、必死で生きてきた人にそこまで要求するのはあまりに酷ではないだろうか。もし問題があるとしたら、まっとうに生きてきた人たちが、歳をとって仕事ができなくなったとき、明日の食べ物にも困るほど貧困化してしまうというシステムの方だと思う。

一時、社会問題として大きく取り上げられた「孤独死」の問題。いまではあまりに普通の出来事になりすぎてしまったせいか、ひと頃より騒がれなくなった。人は誰でも死ぬときはひとりぼっちなのだから、ひとりっきりで死ぬこと自体は大きな問題ではないのかもしれない。問題はひとりぼっちで死ぬことではなく、「死」に至るまでの孤立した「生」の状況なのだ。「餓死」は論外として、貧困がもたらす最大の問題は「貧しい生」であり、その結果起こる「孤立」の問題なのだ。

仕事もなく、ギリギリ食べてゆくだけの金しかない状態を想像してみるとよい。生活費を切り詰めるための最良の方法は、何もせずただ家でじっとしていることだ。エネルギーの消費量を抑えれば腹は減りづらいし、交通費などもかからない。どうしても腹が減って我慢できなくなったときだけ、近所のコンビニやスーパーに食べ物だけを買いに出かける。そうすれば、体力も消耗しない上に、余分な金も使わずに生きていける。だが、友人と会食したり、酒を酌み交わしながらおしゃべりをしたり、趣味に興じたりしなくなることで、人間関係は確実に失われてゆく。もちろん、こうした人たちは携帯電話やネット環境も持たないことが多い。その結果、「孤立化」が起こるのだ。この「孤立化」の先にあるのが「孤独死」なのである。

孤独死した高齢者の人生を遡ってみると、もともと人付き合いが嫌いだったり、苦手だったりした人は少数派である。大半の人が、若い頃は他の人たち同様、元気に活動していた。だが、仕事を辞めたり、職を失ったあと、貧困が原因で家に引きこもりがちになり、次第に人間関係が失われ、ひとりぼっちで最期のときを迎えるといったケースがほとんどなのだ。林崎容疑者はいわゆる孤独死ではないが、自死に至るまでの人生の過程をみると、孤独死した人たちと同様の軌跡をたどっているように思える。「生存権」とは餓死しなければよい、というものではない。日本国憲法は、すべての国民に「健康で文化的な生活」を保障している。だが、現実にはそうなっていないのがいまの日本の社会保障制度なのである。

セーフティネットの老朽化

二〇〇六年、北九州市で生活保護の受給資格のある住民が、役所の窓口で生活保護を断られ、三人が餓死するという事件が報じられた。しかも役所は、男性に生活保護費を支給しないことを正当化するため、「就職した」という虚偽の報告書まで無理やり書かせていた。この事件をきっかけに、「水際作戦」と呼ばれる、生活保護費を抑えるための役所の非情な対応がメディアで取り上げられた。しかし、生活保護申請者に対する厳しい対応はその後も大きくかわっていない。現在でも、ソーシャルワーカーや弁護士などの専門家の力を借りないと、生活保護を受給するのが容易でないという現実は続いている。そのやり方は、高い教育を受けていない貧困老人や、心の病に陥って引きこもりがちになっている生活保護申請者が、マニュアルで武装された役人たちと戦う能力がないことを見抜いているとしか思えない、卑怯なケースもある。

心に病を抱える五〇代のある女性は、「まだ、働こうと思えば働けるのではないか」と窓口で高圧的な態度で言われたことで、生活保護の申請をあきらめた。「まだ働けるのではないか」という問いは、彼女自身、何度も自分自身に問い続けてきたことであり、もう限界だと思ったから、生活保護の申請にやってきたのだ。生活保護を受けることは、真面目で責任感の強い人ほど、恥ずかしく、申し訳ないと感じている。ところが、役所の窓口では、そうした人たちの傷口を攻めてくる。警察にレイプ被害を訴え出た人に、「あなたに隙があったからじゃないですか」という言葉が的はずれな暴言であるのは、いまや常識になっている。ところが、生活保護の現場では、このセカンドレイプのようなことが公然とおこなわれているのだ。その結果、北九州市の事件以降も、餓死したり、生活苦の果てに自死している人があとを絶たない。

重要なセーフティネットのひとつである生活保護が、現在、どのような状況になっているか国際比較をしてみる。二〇〇七年のＯＥＣＤ社会支出データベースによると、

ＯＥＣＤ加盟国三四カ国のＧＤＰにおける生活保護費の割合は、加盟国全体の平均が二パーセントであるのに対し、日本は〇・六パーセントである。さらに看過できないのは、生活保護基準以下の収入しかない世帯のうち、実際に生活保護を受給している世帯の割合である。フランスが九一・六パーセント、スウェーデンが八二パーセント、イギリスが四七～九〇パーセント、ドイツが六四・六パーセントであるのに対して、日本は一五・三～一八パーセント、二割にも満たない（二〇一〇年、生活保護問題対策全国会議）。社会状況が異なる国々を単純に数値だけでは比較できない。また、日本の一人当たりの受給額は決して低くはない。だが本来、生活保護費を受け取るべき数百万人に対し、その金が支払われていないことも紛れもない事実なのだ。

統計によると、日本人の「自死」原因の第一位は「健康問題」で、その多くは心の病だ。そのため、自死対策の中心にうつ病をはじめとした精神疾患対策を置く自治体も少なくない。だが、心の病に陥った原因を探ってゆくと、かなりの割合で生活不安など、経済問題が大きく影響している。また、高齢者に限っていえば、「健康問題」の多くは身体の病気だが、病気を苦にして「自死」する背景には、長期治療による経済面での不安や家族に金銭的な迷惑をかけたくないという気持ちなど、病気そのものに対する不安や苦しみより、病気によって生じる経済的な負担に関する悩みが大きく関与している。つまり「経済問題」が、「健康問題」や「家庭問題」などに分類されている「自死」に大きな影響を与えているのだ。

日本は人類がまだ足を踏み入れたことのない超高齢化社会に突入し、今後、さらに高齢者の割合は増え続けてゆくと予想されている。それを思うと、政府のおこなうべき自死対策の最優先課題は、「年金」、「生活保護」など、経済面でのセーフティネットの再構築ではないだろうか。

ちなみに、ノルウェー政府は北海油田から得られる莫大な収益には一切手を着けず、「年金」のための聖域としてプールし続けているのだ。それは、ノルウェーはたまたま油田があったから幸運だ、という問題ではなく、政権担当者の国民の安全と安心に対するプライオリティの問題だと思う。日本の自死率が高止まりしている背景には、事あるごとに「自己責任論」を持ち出す政府に対する不信感と、現実に差し迫っている将来に対する不安が大きな影を落としていることは間違いないと思う。

「ギャンブル依存」という病

新幹線で焼身自死を遂げた林崎容疑者に関して、どうしても触れておかなければならないことがもうひとつある。林崎容疑者が多額の借金を抱えることになった要因のひとつにギャンブルの存在があったことだ。とりわけ、「パチンコ」にはかなり入れ込んでいたようで、それに対してネット上で非難の嵐が吹き荒れた。

「やはりパチンカスかよ、ゴミじゃん」

「金ないのにパチンコ行ってんなよクソジジイ」

「ほとんど掛け金も払ってないくせに、働きもせずにパチンコ生活かよ」

林崎容疑者が酒とパチンコに傾倒していたという事実が判明して以来、ネットにおけるバッシングがヒートアップする一方、メディアの扱いが急にクールダウンした。この対照的な反応は、ギャンブル問題に対する日本の姿を浮き彫りにしているように思う。近年、日本人の多くは、アルコール依存症が本人の意志の問題ではなく、「依存症」という病気であるということについて、それなりの理解を持つようになった。ところが、「ギャンブル依存」については、自分とは関係ない世界の出来事だと思っている人が多いせいか、いまだに誤解と偏見が渦巻いている。そのため、多くの自死に関与していると思われる「ギャンブル依存」という病気が、「自己責任」の一言で片付けられてしまっているのだ。

ギャンブル依存の研究の歴史は浅く、まだ不明なことが多い。現時点の理解では、ギャンブル依存症は脳内の快楽物質であるドーパミンの分泌が関係していると考えられている。

ドーパミンの出方や量には個人差があり、そのためギャンブルにのめり込みやすい人とそうでない人がいると考えられている。さらに、依存症になる人はこうした本人の資質に加え、ギャンブルに馴染む環境や心理的なストレスがあるケースが多いといわれている。そして重要なことは、理由はともあれ、一旦ギャンブルを欲する脳になってしまうと脳が変質してしまい、ギャンブルの快感にだけに特に強く反応するようになってしまうことだ。その結果、ギャンブルの快楽から自力で抜け出すことが極めて困難になってしまう。それが「ギャンブル依存症」という病気なのだ。つまり、身の破滅に至るまでギャンブルにのめり込んでしまう人の大半は、意志が弱いのではなく、「ギャンブル依存症」という病気にかかっていると考えるべきなのだ。

ギャンブル依存は、これまで薬物依存のようには危険視はされてこなかった。だが、見方によっては薬物依存症以上に危険な病気なのである。

パチンコの世界にはかつてパチプロと呼ばれる人がいて、数は少ないものの彼らはパチンコで生計を立てていた。しかし、一九九〇年代以降、出玉がコンピューターで管理されるようになって以来、一時的には勝てても、パチンコで生活費を稼ぐのは不可能になった。言い換えれば、パチンコは、やり続ければ、どんなに技術があっても確実に負けるようにつくられたゲームなのだ。だんだん資金難に陥るようになる。そこでとりあえずは、家族や友人、あるいは金融機関からお金を借りることになる。だが、パチンコを続けている限り、借りた金はいずれ使い果たしてしまう。すると次は、嘘をついたり、ときには詐欺まがいのことをしてお金を借りるようになる。その結果、家族関係を破壊し、友人を失ってゆく。ギャンブル依存症の大きな特徴のひとつは、こうした人間関係の破壊である。

身のまわりに金を借りられる人がいなくなると、次はサラ金などから高利で金を借りざるを得なくなり、莫大な借金を背負うことになる。だが、それでもギャンブルはやめられず、最後は窃盗などの犯罪に手を染めるようになる。だが、そこまでいってもギャンブル脳とよばれる依存症になってしまった人の脳はギャンブルを求め続けているのだ。

日本に数少ないギャンブル依存症の回復施設「グレイス・ロード」で施設長をしている岩井健治さんは、かつて薬物中毒患者を治す施設でも働いていた。薬物中毒患者の場合、正しいプログラムで一定期間治療を施すことで、かなりの確率で立ち直り、再発が抑えられた。ところが、ギャンブル依存症の場合、完全に立ち直ったかに思えた人が、身近にギャンブル環境があると、あっけなく依存症が再燃してしまうという。つまり、数ある依存症の中でも、やめさせるのがとても難しいのが「ギャンブル依存症」の特徴なのだ。そうした現実を見るうち、岩井さんは、ギャンブル依存になってしまった人を無理にギャンブルをやめさせるのではなく、人生が破綻しない程度にギャンブルとつきあってゆく方法を教えた方が現実的ではないかと思うようになったという。

もうひとつ、「ギャンブル依存症」には厄介な問題がある。本人に「病気」という認識がないため、自分がギャンブルをやめられないのは意志が弱いからだと考え、自分を責めてしまうことだ。その結果、うつ病などの精神疾患を併発するケースが多く、現実にある大きな借金と相まって「自死」リスクを高めることになるのだ。一般社団法人「ギャンブル依存症問題を考える会」の田中紀子代表によると、多重債務が原因で自死した人のおよそ半分に「ギャンブル依存症」の疑いがあるという。貸金業法等の改正によって、多重債務自死者数はピーク時の三分の一に減ったものの二〇一四年には六八八人いるので、三五〇人近くの「自死」に、ギャンブル依存が関与している疑いがある。それにもかかわらず、日本ではギャンブル依存への対策がほとんどおこなわれていないのが現実だ。

ギャンブル依存の高齢者が増えている

日本人がいかにギャンブルに依存しているか、ギャンブル大国といわれるアメリカと比較してみる。アメリカではカジノをはじめ多くのギャンブルが合法化されていて、その総収入はおよそ一〇兆円といわれている。それに対して、日本最大のギャンブルであるパチンコ業界の総売上は年間二〇兆円、その粗利は三兆六〇〇〇億円といわれている。アメリカの人口が日本のほぼ二・五倍あることを考えると、人口換算で、パチンコ業界だけでアメリカの全ギャンブルにほぼ匹敵する利益を上げていることになる。しかも、日本にはそのほかにも、宝くじ、競馬、競輪、競艇など大型の公営ギャンブルもあり、それらの利益の総額は五兆円を超える。つまり、日本は、アメリカをはるかに凌ぐギャンブル大国なのである。

厚生労働省の研究班は二〇〇九年、ギャンブル依存症の可能性のある日本人が五三六万人いると公表した。これはかなり衝撃的な数だと思うが、識者によれば、この数字でさえかなり少なく見積もっているそうだ。この数をもとに計算すると、日本の成人の五・六パーセントがギャンブル依存ということになる。ちなみにアメリカのギャンブル依存者は人口の一・六パーセント、イギリスが〇・八パーセントであることを思うと、日本は飛び抜けてギャンブル依存者が多い国ということになる。

さらに、日本人の場合、依存症患者が多いのはギャンブルだけではない。薬物やアルコールへの依存率も高く、これらを合わせると、日本全体で「依存症」という病に陥っている人の数は国民の五人に一人にあたる二四〇〇万人という試算もある。これは、自死問題を考える上でけっして看過できない。

しかもギャンブル依存の九割がパチンコ依存だといわれている。中でも近年、高齢者のパチンコ依存が急増しているのだ。二〇一〇年以前、二〇〇万人から三〇〇万人の間で推移していた六〇歳以上のパチンコ人口が、二〇一〇年以降増え始め、現在、四〇〇万人を越えている。パチンコ店に足を運ぶ人の四人に一人が高齢者という時代になったのだ。それに伴い、高齢者のパチンコ依存症患者の数も一〇〇万人を突破した。パチンコに依存する高齢者が増加した背景には、団塊の世代が定年を迎えたことなどもあるが、不況の折、パチンコ業界が可処分所得の多い高齢者にターゲットを絞り、取り込みを図っているからだともいわれている。最近では、時間をもてあましている高齢者が長い時間を過ごせるよう、勝ったときの儲けは少ないかわりに長時間遊べる台を増やしたりしている。そうした中、パチンコは社会に居場所が見つけづらく、将来に不安を抱える高齢者の間に確実に広がりをみせているのだ。

日本がこれほどまでのギャンブル依存症大国になってしまった背景には、いくつかの要因がある。まず、経済的に豊かな人が多いため、ギャンブルに金を使える人口が多いことだ。またすべてにおいて高い精度を求められる日本社会はストレスをためやすく、それも要因のひとつといわれている。日本人の遺伝子の中に依存症になりやすい資質があるという意見もある。

だが、さらに大きなポイントは、パチンコ店をはじめとしたギャンブル環境がふつうの町の中に身近に存在していることだ。これは先進国ではごくまれなことである。空間的にも心理的にも、日本ほどギャンブルが身近にある先進国は存在しない。にもかかわらず、ギャンブル依存の危険性についての啓蒙がほとんどなされていないため、国民のギャンブルに対する危機意識が極めて低いのだ。

そして、もうひとつ重要な事実は、日本のギャンブル依存の最大の温床になっているパチンコ店が、業務区分上は「ギャンブル場」でなく「遊技場」であることだ。理由は、パチンコで勝っても球と直接交換できるのはあくまでも景品であって、現金ではないからだという。だが、景品を取るためにパチンコをやる人などほぼいない。大半の客は、お金を目当てにパチンコ店に足を運んでいるのだ。ところが、パチンコ業者と換金業者が別の事業体であるという理由で、「パチンコ店はギャンブル場ではない」という詭弁がまかり通っている。その結果、ギャンブルに対する規制をいくらつくろうとしても、日本最大のギャンブル場であるパチンコ店がそれをすり抜けてしまのだ。

ギャンブル依存症のリハビリ施設で出会った五〇代の男性は両親がパチンコ好きだったため、幼いころからパチンコ店に連れて行かれていて、小学校に上がるころには一緒に球を打ち回していたという。だから、パチンコ店に入ると懐かしい気持ちになり心が落ち着くため、大人になってからもいやなことがある度にパチンコに足を運ぶようになってしまった。その結果、莫大な借金をつくり犯罪にも手を染めた。これまでに三度も刑務所に収監されたことがあるが、それでもパチンコをやめられないという。

日本政府やメディアがこの問題ときちんと向き合おうとしない理由は、年間二〇兆を超える売り上げのあるパチンコ業界がメディアにとって大切なスポンサーである上、警察の天下り先になっているため、政府も規制に動きづらいことがあるといわれている。断っておくが、依存症になる可能性があるからといって、酒やギャンブルが不要だというつもりはない。ギャンブルや酒は人生に彩りを与えるものであると思うし、現実の辛さから解放してくれる数少ない方法のひとつであるとも思う。

アメリカの禁酒法を引き合いに出すまでもなく、需要を無視して禁止すれば、たちまち地下に潜り、より不健全な形で広がってゆき、結果、社会が不安定化を招く。ただ、向精神薬の投与と同様、危険性を認識した上で、依存という病に陥らないための対策をしっかりととる必要があると思うのだ。

「原発自死」が問いかけるもの

高齢者の自死ということで最後に、二〇一一年の福島第一原子力発電所の事故によって起こった「自死」について伝えたいと思う。原発事故に伴う避難で体調が悪化するなど原発事故が原因で亡くなった人の数は、わかっているだけで一〇〇〇人を超えるといわれる。その中にはかなりの数の自死者も含まれている。なぜ彼らは自死しなければならなかったのか。そのことは、「自死大国・日本」について考える上で重要な示唆を与えてくれる。東北地方という閉鎖的な風土もあって、自死遺族は世間体を考え、なかなか声を上げたがらない。それでも少数ながら声を上げた遺族もいる。これから紹介する渡辺はま子さん（58）の家族もそのひとりである。

まずはじめに断っておきたいことがある。原発事故被害者に対する自己責任論についてだ。地元自治体の住民は、補償金と引き替えに原発誘致に賛成したのだから、いまさらとやかく言う権利などない、という意見が日本の中に少なからずある。だが、そこには少なくとも二つの間違いがある。まず、東京電力も日本政府も絶対安全であることを繰り返し、地元住民に原発の危険性をまったく伝えてこなかったことだ。また、被害に遭った人の多くは、原子力発電所の設置によって何の利益も受けていない人たちだということだ。

渡辺さん一家が暮らしていたのは福島県南相馬郡川俣町。福島原発から四〇キロも離れた場所だ。住民も自治体も原子力発電所の設置にはなんの発言権もなく、また恩恵も被っていない。渡辺さんの家は、川俣町の中心から遠く離れた山木屋地区にあった。家の前には美しき日本の風景の象徴である谷戸がゆったりと広がっている。渡辺さんの暮らす集落は、この谷戸の周囲に点在する一二軒の民家からなっていた。渡辺さん宅は田畑を耕し、同時に、牛やカイコを飼う兼業農家だった。煙草づくりが最大の現金収入で、七月から九月にかけては家族総出で煙草の葉を収穫し、干して出荷していた。

ご主人の幹夫さん（64）にとって、自死した妻のはま子さんは地元の二年後輩で幼なじみだった。集落には小学校はあるが、中学校は川俣町の中心地まで歩いて行かなければならない。東京から見れば川俣町も充分に田舎なのだが、自然以外、何もない集落で暮らす子どもたちから見ると、町で暮らす子どもたちはどこか都会ずれしていると感じられた。そのため、渡辺さんたち集落の子どもたちには強い仲間意識が芽生えていたという。二人は村の青年団の活動を通じて親しくなった。愛を告白したのは妻のはま子さんの方で、三年の交際を経て結婚した。

集落の人たちは一日の農作業が終わると、地域のリーダー的存在であった渡辺さんの家にぶらっと立ち寄って、取れたばかりの野菜をつまみに酒を酌み交わすのが日々の楽しみだった。ベランダに腰を下ろし、ホタルの舞う谷戸の景色を楽しんだり、カラオケを歌ったりした。集落全体がひとつの大きな家族のようだったという。おそらく、この谷戸ではそんな穏やかな共同体の暮らしが数百年も続いてきたと思われる。そして、集落の誰もがそんな暮らしがこれからもずっと続いていくと思っていた。

広い田んぼを耕して米を作る作業は一苦労で、昔から集落全体で力を合わせおこなってきた。中でも最大のイベントは田植えだった。田植えは家ごとに日をずらし、それぞれの家にみんなで出向いて力を合わせておこなった。田植えが終わった後の宴会はひときわ賑やかで、一二軒すべての田植えが終わるまでのおよそ二週間、こうしたお祭り騒ぎが毎日続くのだという。そして、こうした集落でおこなわれるイベントの中心にいたのはいつも渡辺夫妻だった。夫妻の家は、元々地域の中心的な家柄だったが、活発で姉さん気質だった妻のはま子さんはみんなから慕われていた。

渡辺さん夫妻は農業の傍ら、ニワトリの育成所に勤めていた。育成所とは雛から卵が生める成鳥になるまでの数十日間、ニワトリを飼育する場所だ。仕事は高齢者でもできる内容で、特に定年も定めていないため、渡辺さん夫妻は身体が動く限り仕事を続けるつもりで、一五年前、七〇歳で完済するローンを組み、家を新築していた。

そして、二〇一一年三月一一日、大地が激しく揺れた。東日本大震災が起こったのである。震源地に近かった川俣町は地域によっては家が倒壊するなど、甚大な被害を被ったところもあった。しかし、幸運にも渡辺さんの家はまったく無傷だった。ただ、集落は三日間停電し、地震の詳細は災害用に常備していたラジオで知った。福島第一原子力発電所の事故についてもラジオのニュースで知らされた。原発事故が深刻だった場合、周囲三五〇キロが放射能に汚染される可能性があると聞き、すぐに避難した方がいいと考えた一家は、ありったけのガソリンを車に積んで山形方面に向かった。すでに福島県内の避難所はいっぱいだと聞いていたからだ。結局、山形県内の体育館で数日を過ごしたが、大きな被害がなさそうだという情報が伝わり、集落の人たちと連絡をとりあって帰郷することにした。

だが、事故から一ヶ月を経過した四月一二日、突然、渡辺さんの暮らす集落は計画的避難地域に指定された。家で暮らすことが不可能になったのだ。正確には、昼間の時間帯は家にいることを許されたが、長時間の被爆を避けるため、夜は別の場所で寝泊まりしなければならなくなった。一家は移住先を探した。同居していた二人の子どもたちはそれぞれアパートを見つけ、引っ越していった。生きもの相手の仕事をしていた渡辺さん夫妻は、何かあったらすぐに対応できるよう、仕事場の近くでアパートを探したため、すぐには見つからなかった。そして六月、ようやく福島市内に民間アパートを見つけ、そこで暮らすことにした。

集落の多くの人が職を失ったが、渡辺さん夫婦は育成所の仕事があったので、とりあえず生活の心配はなかった。ところが、福島県の畜産物は実際の汚染と風評被害で、次第に出荷が難しくなっていった。そして数ヶ月後、渡辺さんの勤めていたニワトリの育成所も閉鎖されることになった。二人は同時に職を失ってしまったのだ。

喪失感の代償

とりあえず、三年間は月に一〇万円の補償金がでることになっていたので、当面の暮らしはなんとかなった。しかし、一〇〇〇万円近く残っていた住宅ローンの返済やその先の暮らし、さらに、いつ生まれ故郷に戻れるかわからないという不安は夫妻の心に重くのしかかっていた。その上、慣れない町中のアパートでの暮らしは想像以上にストレスが大きかった。それでも夫の幹夫さんは、これまでにも仕事で様々な土地に行って暮らしたこともあったので町の暮らしにもすぐに順応できた。しかし、生まれてからほとんど集落を離れたことのなかった妻のはま子さんはそうはいかなかった。

これまで、はま子さんが暮らしていた谷戸の集落は、広い土地に家が点在し、近所迷惑など無縁だった。また、集落の人は全員が幼なじみでお互いにすべてを知りつくしていた。そのため隠し立てすることなく、ありのままの自分をさらけ出して暮らせた。ところが、新しい土地では勝手がまったく違った。周りはすべて見ず知らずの他人ばかり。無防備に自分をさらけ出すと田舎者とばかにされている気がした。だが、はま子さんには、仮面をかぶった状態で自然らしく振る舞うという芸当ができなかった。自分たちは田舎者だとバカにされていないだろうか、あるいは被災民としてさげすまれていないだろうか、そんな不安にさいなまれるようになった。

集合住宅という問題もあった。集落は一軒一軒が離れていたので、どんなに大声を出しても近所に迷惑をかけることがなかった。ところが、アパートでは、普通に話しているつもりだったのに、隣の人から「うるさい」と叱られた。以来、小声で話すよう心がけたが、生まれてこの方、小声で話したことなどないはま子さんにとって、それは大きなストレスになった。また、夫の幹夫さんは、叱られた後も頓着せずに大声で話したり、階段をカンカンと大きな音をさせながら上り下りしたので、はま子さんはその度に、また叱られるのではないかとハラハラしながら暮らしていた。

さらに、これまでは自給自足に近い暮らしをしてきたはま子さんにとって、スーパーマーケットでの買い物も苦痛だった。行くたびに商品の山に戸惑った。苦しい家計を工面し、これまで一度も食べたことのないような鮮度の悪い野菜を買うのも辛かった。はま子さんは次第に買い物に行かなくなり、部屋に引きこもりがちになった。一人でアパートの部屋に引きこもっていると、みんなに「田舎者」とバカにされているのではないかという妄想が頭をもたげ、ついに、家から一歩も出られなくなってしまったのだ。地域のリーダーとして、みんなに一目置かれる存在だったはま子さんだが、地域というコミュニティを奪われたことですべてを失ってしまったのだ。

幹夫さんが出かけようとすると、「早く帰ってきて」と泣きつくようになった。このときすでに、はま子さんはうつ病を発症していたと思われる。だが、夫の幹夫さんは、それを深刻に受け止めなかった。なぜなら、自分も妻と同じ気持ちだったからだ。住宅ローンを抱えたまま職を失い、いきなり見知らぬ土地で暮らすことになれば、誰だっていっときは精神的に不安定になるのは当然のことだ。幹夫さんは、妻の症状も一過性のものだと思っていたのだ。

そんなある日、はま子さんが「自分の家に戻りたい」と泣きじゃくり始めた。家に戻るのは法律を破ることになる。幹夫さんはそう諭し、取り合わなかった。だが、その数日後、はま子さんは意を決した表情で、一晩だけいいから生まれ故郷に戻らせてほしい、と幹夫さんに頼んだ。規律を破ることになるが、それで妻の気が収まるのならと思い、願いを聞き入れることにした。こうして二〇一一年六月三〇日、夫婦は生まれ故郷に一泊旅行をすることになった。

久しぶりに実家に戻った二人は埃の溜まった家を掃除し、ゴミを出した。そして、昔のようにベランダ越しに外の風景を見ながら夕食を取った。食事の間中、はま子さんは上機嫌だったという。だが、やがて、「町に戻りたくない」と言って泣きはじめたのだ。妻の気持ちは理解できたが、「それができないことはわかっているだろ」といって妻をいさめた。

翌朝も妻は「町に戻りたくない」と言って泣いていた。幹夫さんは、「もういい加減にしろ」と言って席を立った。そして、かつての日課だった朝の散歩に出かけた。散歩から戻って風呂に入り、ぼんやりと外の景色を眺めていた。遠くの方で炎が見えた。妻が家の整理で出た不要品を燃やしているのだと思った。やがて朝食の時間になった。だが、妻が食事の支度を始める気配がなかった。これまで、一度もなかったことだった。要求を聞き入れてあげなかったのですねているのかと思い、家の中を探した。しかし、いくら探しても妻の姿はなかった。不安になって表に出ると、谷戸の一角に焚き火の残り火のようなものが見えた。よく見ると、燃えているのは見覚えのある服だった。慌てて近づくと、炎の中に変わり果てた妻の姿があったのだ。足に灯油をかけて火をつけたのだろう。下半身はすでに黒く焼けただれ、炭化していた。すぐに救急車を呼んだが、すでに心肺停止の状態だった。

これが、福島県川俣町で起こった渡辺はま子さん自死事件の一部始終である。

二〇一五年、司法は異例ともいえる厳しい口調で、渡辺はま子さんの「自死」が原発事故によるものだと断定、はま子さんのストレス耐性の弱さを理由に賠償額を二割減額したものの、東電に四九〇〇万円の支払いを命じた。

自死現場から見えてくるもの

はま子さんを自死に追い込んだ要因のひとつに、住宅ローンを含めた経済的な不安があったのは確かだと思う。だが、自死の最大の要因は、故郷を失い、人間関係を失い、仕事を失う、つまり生活のすべてを失ってしまったという計り知れない喪失感だったのではないだろうか。

めまぐるしく変化してゆく街の風景に慣れてきた都会の人々には、故郷を喪失する人の苦しみを正確にイメージできないかもしれない。私自身、渡辺さんの生まれ育った谷戸の穏やかな風景を初めて見たとき、何百年もの間、変わらぬ姿で人間の営みを見守ってきたであろう大自然の懐に抱かれて暮らしてきたはま子さんの、そして、福島という自然豊かな地域で暮らしてきた人々の、故郷を失うという苦しみがようやくわかった気がした。

力のある若い人たちの中には、過去を振り切り、新天地で新たな再スタートを切れた人も少なからずいる。だが、長年その土地で暮らし、一次産業に従事してきた中高年の人々にとっては乗り越えられないほどの大きな壁だった。はま子さんの他にも、「原発さえなければ」という遺書を残して亡くなった酪農家の菅野重清さん、生まれ故郷を離れたくないといって一〇二歳で「自死」を選んだ大久保文雄さん、そのほか、多くの自死者、自死未遂者がいる。また、心の病に落ちいり、いまなお傷の癒えない多くの原発事故の犠牲者にも出会った。

故郷を追われ、移住を余儀なくされた人々に、国と東京電力は三年という期限を区切って、一人につき一ヶ月一〇万円の補償を支払ってきた。四人家族なら黙っていても一ヶ月四〇万円の収入になる。あぶく銭のような補償に、その金で豪遊する若者も現れた。それに対し、地元の人々からは嫉妬が混じった冷ややかな眼差しが浴びせられた。特に、震災や津波で生活基盤を失った人たちからのバッシングは激しかった。しかし、原子力発電所の事故は人災である。その人災ですべてを失った人たちに対する補償が、一人たったの三六〇万円というのはあまりにも少なすぎる気がする。

政府に原子力発電に安価なエネルギーだと言い続けている。しかし、それに事故で多くを失った人たちへの補償、さらにはこれから起こるかもしれない事故に対するリスクを正しく計算していない結果なのではないか。事故が起こることで奪われた生活、怒り、悲しみ、不安といった感情や喪失感、そうしたすべてに適切な補償をおこなったとき、原子力発電所は想像を絶する高額なエネルギーになると思う。「原発を安価なエネルギーだ」ということは、裏を返せば、民主主義国家を標榜している日本政府が、国民の生活や命の尊厳を恐ろしく安く見積もっている証だ。そして、それこそが日本が自死大国であり続ける大きな要因のひとつであるという気がしてならない。

福島の人々の悲しみや苦しみを放置したまま、また、日本国にとって原子力発電所が必要か否かの議論もなされないまま、二〇一五年八月、鹿児島県の川内原発一号機が再稼働され、さらにそのほかの原発も再稼働の準備に入っている。

ここまで日本の様々な自死現場を見てきた。「自死」は本人にしかわかり得ない、いや、もしかしたら本人でさえ気づいていない複雑な要因が絡み合って起こる難解な事件なのかもしれない。そういう意味で、自死対策が一筋縄ではいかないことはよく理解できる。だが同時に、現在、日本で起こっている「自死」の多くに通底する要因があるとも感じた。それを短い言葉で表現すれば、「経済効率を最優先する社会」である。

人は太古の昔から「効率」のよいものを求めて前進してきた。交通についていえば、二足歩行にかわって馬車を考えだし、さらに蒸気機関車や自動車へと進化させてきた。限られた時間しか生きられない人間にとって、「効率がよいこと」は極めて重要だと思うし、文明は、「効率のよさ」を求める人々の心と不可分に結びついて発展してきたのだと思う。だが、過度に「効率」を追い求めることには必ず副作用がある。例えば、人間の身体能力をはるかに超えたスピードで走行する自動車という乗り物ができるまで、交通事故による死者など数えるほどしかいなかったはずだ。「効率」が「経済効率」と同義語になった現代、「効率」を追い求めることに伴う副作用はさらに増大している。「自死」の増加もそのひとつだと思う。

教育現場で「自死」に至るまでの激しい「いじめ」が多発している一因には、たくさんの子どもたちを狭い教室に閉じこめ、国が決めた内容の一斉授業をおこなうことで、子どもたちから学ぶ喜びを奪ってきたことだ。しかもこうした同質性を求めながら、一方でテストの点数などで競いあわせ、序列化することで大きなストレスを与えてきた。子どもたちの個性やひとりひとりの学ぶペースを尊重し、競いあうことより仲間作りを重視する教育をおこなえば、「いじめ」を根絶できないにしても、命を奪うまでの陰湿な「いじめ」は大幅に減らせると思う。だが、そのためには教員の数を増やしたり、広い学習空間を確保するなど、いまよりも多くの予算が必要になる。つまり、「経済効率」が悪くなるのだ。

また、職場で多発している「過労死」、「過労自死」についても、企業が「効率よく」お金を稼ごうとするあまり、労働者に過重な労働を課した結果である。厳しい生存競争を生き残らなければならない企業にとって、「効率よく」利益をあげることが重要なのは理解できる。企業が倒産したら、多くの従業員が路頭に迷うことになる。そのために経営者が必死で努力していることもわかる。だが、企業が生き残るために、身内の労働者の命が奪われているとしたら本末転倒ではないだろうか。企業は一部の株主のためにあるのではなく、そこで働く人々のためにある。企業が自助努力で「過労死」、「過労自死」を生み出す状況を改善できないのなら、政府が法律を整備し、それを遵守させることよって働く者の生命や安全を守るしかないと思う。ところが日本政府は、労働者の生命や安全の確保より、企業を成長させることで日本経済の活性化を図ることに軸足を置いている。

薬害が問題になっている精神医療に関しても同様のことがいえる。本来、膨大な時間がかかる心の病の治療を国の医療費を節約するため、薬物治療による副作用の危険性を検証しないまま、短時間の診療と薬品を組み合わせることで効率化を図った。その結果、多剤大量投薬による副作用によると思われる新たな精神疾患が生みだされ、それが自死者や自死未遂者を増加させている。

経済効率や経済の発展はもちろん大切なことだと思う。だが、これだけ社会が豊かになったにもかかわらず、多くの自死者が存在するという現実を、私たちは直視しなければならない。「自死」の最大の問題点は、その「死に方」にあるのではない。「自死」を選択せざるをえなかった「生」、言い換えれば、「自死」を選択させた「社会」に問題があると思うからだ。

「あとがき」にかえて

精神分析の創始者ジークムント・フロイトは「死の欲動」を提唱し、研究者の中にも、「人間には、生まれながらにして、死にたいという願望が備わっている」と主張する人もいる。だが、本当に死にたいという願望を人間は生まれながらに持っているのだろうか。私はそうは思わない。

たとえば、人間以外、「自死」する動物はいない。他の生きものたちが持ち合わせていない本能を人間だけが持ちえるだろうか？　人間はそれほど特殊な生物だろうか。でも、現実には「死にたい」と願う人が存在する。死への願望が後天的につくり出されたものだとしたら、そこにはとてつもなく強い力が働いているということになる。

私は、これまで海外の難民キャンプで暮らす人々や、日本社会の底辺で暮らす人々にたくさん出会ってきた。また、社会の片隅で暮らすマイノリティの暮らしも見てきた。そこで、たくさんの「自死」にも出会った。でも、それ以上に心に焼き付いている光景がある。それは酒や薬に溺れ、静かに死を待っているとしか思えないおびただしい数の人々の面影だった。そこには死の香りが充満していた。そんな場所に居合わせるたびにこう思った。「彼らは、死ぬエネルギーさえないために、仕方なく生きているのだ」と。

だからある意味、自死している人には自死するだけのエネルギーがあるということだ。「自死」という行為は、「生きたい」と願うエネルギーの裏返しであるといわれる。いまの苦しみさえ取り除いてもらえれば、「生きたい」というメッセージだという。しかし、難民キャンプで暮らす人々や迫害を受け続けてきたマイノリティのコミュニティには、生きるエネルギーはおろか、自ら命を絶つエネルギーさえもないため、酒や薬の力を使って現実から逃避しながら惰性で生きているうち、身体が蝕まれ、線香花火が消えるように生命の炎が消えてゆく。そういう人たちがたくさんいたのだ。

自死統計は各国政府が出すため、国単位で集計されていることが多い。しかし、細かく統計を分析してゆくと、マジョリティよりマイノリティの自死率が高いことはよく知られている。有名な例は、二〇〇一年にカナダ保健省が調査したカナダのイヌイットだ。カナダ全体の自死率が一〇万人あたり一二人であったのに対し、イヌイットの自死率は一〇万人あたり一三五人、実に一〇倍を超える高い数字だった。しかも、自死者の八三パーセントが三〇歳未満の若者だった。イヌイットの現実は、世界中の多くのマイノリティに共通している現実である。

マジョリティの側は、それを、きちんとした教育を受けていないせいにしたり、粗野な暮らしの結果であると考えがちだ。だが、実際はそうではない。マイノリティでも近代文明から隔絶され、マジョリティからの圧迫がない辺境地域で暮らす人々は、貧しくても、教育など受けなくても、生きるエネルギーに満ち、幸せに暮らしているからだ。酒浸り、薬漬けの暮らしをしている人の多くは、近代文明によって伝統的な暮らしやコミュニティが破壊されしまっていたり、マジョリティに経済を牛耳られ、未来に希望が持てないでいる人たちだった。私は、そこに「自死」問題を考える大きなヒントがあるような気がしている。

生きるエネルギーの源は「希望」だと思う。人は「希望」を食料として、生きるエネルギーを体内に蓄積し、人生を紡いでいる。「希望」の供給が途絶えたとき、「自死」が身近に迫ってくる。だが、そうしたエネルギーのない人たちは、「自死」さえできないまま、立ち枯れてゆく。難民キャンプやマイノリティの村で見た「緩慢な自死」の現実は、希望の持てない人間の「生」がいかに脆弱で、いかに「死」と近いところで営まれているかを私に教えてくれた。

最近よく耳にする言葉に「テロとの戦い」という言葉がある。そして、各国政府は武力で「テロ」を封じ込めようとしている。しかし、究極の「テロ」が「自爆」＝「自死」という形でおこなわれるように、それを食い止めるのは「武力」ではなく、「希望の創出」以外あり得ないだろう。希望がある人は、決して自分の命も他人の命も粗末にはしない。一口に「希望」の創出といっても、もちろん簡単ではないことは承知している。ただし、最低限、そして早急に取り組まなければならない課題は、「貧困」の撲滅であろう。少なくとも、僅か一パーセントの人が地球の富の半分を独占し、その結果、多数の人が餓死したり、食うや食わずの状態で生かされている状態は、緊急に変更しなければならない。

内閣府が発表した二〇一五年の日本の自死者数は、二万四〇二五人だった。それだけでも多すぎる数だと思うが、実際には、心が瀕死の状態にありながら、「自死」するエネルギーやきっかけがないため、仕方なく生きている人がその何倍もいるというのが現実だと思う。こうした現実を変えてゆくためには、小手先の対応ではなく、セーフティネットの修復を含めた「希望の創出」、人が生きる喜びを感じられる社会づくりに全力を尽くすべきなのだ。

少なくとも、日本政府が第一目標に掲げている経済発展だけが、よりよい社会を実現するための処方箋ではないと思う。経済的には、日本はすでに他の国々と比べても充分過ぎるほど豊かだ。問われているのは、富の再配分、富を国民の幸福のためにどう使うかという問題なのだ。私は、島国で、歴史的に海外からの侵略をあまり受けてこなかった日本は、成熟した文化があり、美点の多い国だと思っている。しかし、経済発展以外の目標を失った今の状況がこれからも続いていくとすれば、日本社会は徐々にその美点を失ってゆく気がする。いや、社会の崩壊はすでに始まっているのかもしれない。いかなる時代でも捨て去るべきものと、守り、受け継いでゆくべきものがあるはずだ。何を捨てて、何を守るべきなのか。その基準をもう一度点検すべき時にきていると思う。

もうひとつ、人類の幸福にかかわる地球規模の動きについて触れておきたい。

近年、社会はものすごい勢いで変化している。二〇一二年、ブレイクスルーが起こり、人工知能が爆発的に進化した。すでに、工場など単純労働の分野で、人間の仕事が次々にロボットに置き換えられている。近い将来、頭脳労働の分野もロボットに取って代わられるといわれている。例えば、女優アンジェリーナ・ジョリーが遺伝的に乳がんのリスクが高いことを知って、乳房の切除手術を受けた。今後の医療は、遺伝情報を含めた体内情報を瞬時に分析し、病気を判断するロボットが医師に代わって人の健康を守る時代がくるのかもしれない。かつて、チェスや将棋、さらにはまだまだ時間がかかるといわれてきた囲碁の分野でも、人間が人工頭脳に敗北した。今後、あらゆる分野で人間が機械に敗れてゆく時代が来るのだろう。人間が人間であることの最後の砦といわれた「感情」でさえ、それを読み取り、表現するロボットがつくられようとしている。アンドロイドと人間の戦いを描いたフィリップ・K・ディック原作の『ブレードランナー』の世界が目前に迫っているのだ。

そのとき、高機能のロボットを大量所有できる資本家だけが富を独占し、人類の大半が職を失うか、ロボットの下働きをさせられる社会が出現するかもしれない。言わずもがなだが、仕事は生活の糧を得るためだけのものではない。人は仕事を通じて人とつながり、そのことで自分の存在意義を確認し、生き甲斐を生みだしているのだ。それを機械に奪われたとき、人は何を喜びに生きてゆくのか。その答えはまだ見つかっていない。

もうひとつ、為政者が個人を管理するシステムの強化についてだ。二〇一三年六月、驚くべき管理社会の実態を世に知らしめたのは、元CIAのシステム管理者、エドワード・スノーデン氏だった。世界中の人々の携帯電話やインターネットの通信内容がすべて記録され、データベース化され、権力者が使いたいときに取り出して、自由に使えるようサーバーにプールされているという事実が明かされたのだ。そのきっかけになったのが、二〇〇一年にアメリカで起こった同時多発テロ、貿易センタービル爆破事件だった。アメリカ政府はテロリストを捜し出すという名目で海底ケーブルに穴をあけ、これまで禁断の行為とされてきた世界中の個人情報を傍受しはじめたのだ。その結果、アメリカの国家安全情報局のサーバーの中には世界中の膨大な個人データが蓄えられるようになった。

また、治安維持と称して、国中に張り巡らされた監視カメラ網が警察のサーバーに直結し、犯人を割り出すために利用されるようになった。監視カメラは以前からあったが、主に事件が起こったあと、犯人操作のために警察に提供する形で使われていた、だが、近年では様相が一変した。監視カメラが犯罪抑止の目的で使われるようになったのだ。通信傍受などで収集した人間の行動様式を分析し、犯罪を犯す可能性のある人を予め割り出し、監視カメラの顔認証システムを使って追尾することで、当局が監視したいと思った人物は、常に監視下におけるようになった。つまり、治安維持という目的のために、人々は四六時中、監視の目にさらされることになったのだ。これを「デジタル監獄」と呼ぶ社会学者もいるが、マイナンバー制度などできる前から、私たちはデータとして管理される存在になっていたのだ。

集められたビッグデータの使用法は、いまのところ消費動向の分析など、主にビジネスへの活用が中心である。だが、収集されたビッグデータと人口頭脳を結合させれば、活用範囲は無限に広がる。選挙の際、国民の投票行動を人工頭脳が分析し、権力者はそれにあった情報を流したり、敵対する政党のネガティブキャンペーンをおこなえば、国民は知らず知らずのうちに偏った政党に投票するようになり、結果、民主主義は形骸化してしまう恐れもある。人間が遺伝情報も含めてデータベース化されるということは命の価値そのものが貶められることであり、現在、そうした事態が急速に進行しているのだ。

データ化され、過去はもとより、現在や未来までも管理されるようになった人間は、希望がおろか、生の実感さえ希薄な状態で、夢うつつのまま生かされることになるもしれない。一見、私たちの暮らしを豊かにするように思える文明やテクノロジーの進歩が、人間に幸福をもたらすか、不幸をもたらすか、その答えも誰にもわかっていない。

かつて、作家の故・寺山修司氏は日本を評してこんなことを言っている。

「私たちが問題にすべきは『幸福』の不在ではなく、『幸福論』の不在なのだ」と。

私たちは、目先の利害だけでなく、自分たちの生きる社会をどうしてゆくべきなのか、真剣に考えなければならないときにさしかかっていると思う。毎年、「自死」によって失われてゆくおびただしい数の命は、私たちにそのことを伝えようとしている。

最後に、辛い体験を語っていただいた当事者や遺族の方々、多岐にわたる社会問題についてアドバイスしてくださった専門家の方々、また、はからずも長期間にわたってしまった執筆を支え、アドバイスしていただいた晶文社の足立恵美さん、心からお礼を申し上げます。

二〇一六年三月一六日

＊本書に登場する様々な統計や数字の出典は、本文中ではなく、参考文献にまとめて掲載している。

主な参考文献

http://www8.cao.go.jp/jisatsutaisaku/toukei/index.html（内閣府「自殺の統計」二〇一六年三月）

http://www.who.int/mediacentre/news/releases/2014/suicide-prevention-report/en/（世界保健機関「自殺に関する報告書」二〇一四年九月四日）

http://www.mext.go.jp/b_menu/houdou/27/09/1362012.htm（文部科学省・平成26年度「児童生徒の問題行動等生徒指導上の諸問題に関する調査」結果について）

https://www.npa.go.jp/safetylife/seianki/jisatsu/H27/H27_jisatunojoukyou_01.pdf（「平成27年中における自殺の状況」内閣府自殺対策推進室・警察庁生活安全局生活安全企画課）

http://www.mhlw.go.jp/file/05-Shingikai-12201000-Shakaiengokyokushougaihokenfukushibu-Kikakuka/0000046397.pdf（厚生労働省・26年年資料「長期入院精神障害者をめぐる現状」）

http://seishiniryohigai.web.fc2.com/seishiniryo/（精神医療被害連絡会〈発起人中川聡氏〉）

http://www5f.biglobe.ne.jp/~nakahara/（「小児科医師中原利郎先生の過労死認定を支援する会」）

http://www.seinen-u.org/（首都圏青年ユニオン）

http://zenziren.web.fc2.com/（全国自死遺族連絡会）

http://ainokaisendai.web.fc2.com/（藍の会　仙台わかちあいのつどい）

http://ken0314.blog.fc2.com/（田中幸子のひとりごと～自死で子供を～）

http://blog.goo.ne.jp/mizubenotudoi（自死遺族とうきょう自助グループ みずべ の集い）

http://www.kumonoito.info/index.html（ＮＰＯ法人蜘蛛の糸〈あきた自殺対策センター〉）

内閣府『自殺対策白書』平成27年版、二〇一五年

デュルケーム、宮島喬訳『自殺論』中公文庫、一九八五年

上野正彦『自殺の９割は他殺である　２万体の死体を検死した監察医の最後の提言』二〇一二年、カンゼングループ一九八四年『日本の自殺』文春新書、二〇一二年
清水康之・上田紀行『「自殺社会」から「生き心地の良い社会」へ』講談社、二〇一〇年
カミュ、清水徹訳『シーシュポスの神話』新潮社、一九六九年
全国自死遺族総合支援センター『自殺で家族を亡くして―私たち遺族の物語』三省堂、二〇〇八年
川人博『過労自殺』岩波書店、二〇一四年
今野晴貴『ブラック企業―日本を食いつぶす妖怪』文藝春秋、二〇一二年
斎藤貴男『強いられる死―自殺者三万人超の実相』河出書房新社、二〇一二年
森史之助『事故物件に住んでみた！』彩図社、二〇一二年
全国自死遺族連絡会『会いたい―自死で逝った愛しいあなたへ』明石書店、二〇一二年
須原一秀『自死という生き方』双葉社、二〇〇九年
内海聡『精神科は今日も、やりたい放題』三五館、二〇一二年
伊藤隼也・特別取材班『うつを治したければ医者を疑え！』小学館、二〇一五年
坂口啓子・浜六郎編纂『薬のチェックは命のチェック　第51号　特集：うつとくすり』医薬ビジランスセンター、二〇一三年
中村智志『あなたを自殺させない―命の相談所「蜘蛛の糸」佐藤久男の闘い』新潮社、二〇一四年
佐藤久男『死んではいけない―経営者の自殺防止最前線』ゆいぽおと、二〇〇六年
茂幸雄『これが自殺防止活動だ…！―10年間、東尋坊で自殺防止活動を続けて４７５人の命を救ってきた体験記』太陽出版、二〇一四年
藤田孝典『下流老人―一億総老後崩壊の衝撃』朝日新聞出版、二〇一五年
ＮＨＫスペシャル取材班『老人漂流社会』主婦と生活社、二〇一三年
田中紀子『祖父・父・夫がギャンブル依存症！三代目ギャン妻の物語』高文研、二〇一五年

自死《じし》——現場《げんば》から見《み》える日本《にほん》の風景《ふうけい》

２０１６年５月１５日　初版

著者について
瀬川正仁（せがわ・まさひと）
ノンフィクションライター。1978年、早稲田大学第一文学部卒業。80年代より映像作家として、アジア文化、マイノリティ、教育問題などを中心にドキュメンタリーや報道番組をつくってきた。それらの経験をもとに、さまざまなジャンルのノンフィクションを手がけている。日本ペンクラブ会員。著書に、『老いて男はアジアをめざす』『若者たち—夜間定時制高校から視えるニッポン』『集める人びと』（バジリコ）、『アジアの辺境に学ぶ幸福の質』（亜紀書房）、『教育の豊かさ学校のチカラ』（岩波書店）など。

著　者　瀬川正仁
発行者　株式会社晶文社
東京都千代田区神田神保町 1-11
電話　03-3518-4940（代表）・4942（編集）
URL http://www.shobunsha.co.jp
印刷・製本　ベクトル印刷株式会社

ISBN978-4-7949-6924-8 Printed in Japan